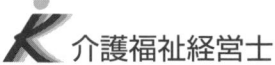 介護福祉経営士 実行力テキストシリーズ 9

新しい福祉機器と介護サービス革命
導入の視点と活用のポイント

公益財団法人
テクノエイド協会 編集
理事長 **大橋謙策** 監修

日本医療企画

はじめに

　社会福祉における介護人材の確保は、少子高齢社会における全体の労働力不足とともに、介護労働が「３Ｋ職場」とも言われ、大変深刻な状況にあります。その解決策の一つが、きつい介護労働の負担を軽減させることです。

　2013（平成25）年６月18日に、厚生労働省は、19年ぶりに「職場における腰痛予防対策指針」を改訂しました。労働災害の腰痛は、職業性疾病の約６割強を占めています。そのうち、社会福祉施設（業種名：「保健衛生業」他に医療施設を含む）分野での発生が、全体の２割を占めています。さらに、この10年で件数が３倍近くに増加し、現在も上昇し続けています。

　腰痛を予防し、少しでも介護労働者の負担を軽減させる対策として指針は「移乗介助、入浴介助及び排泄介助における対象者の抱上げは、労働者の腰部に著しく負担がかかることから、全介助の必要な対象者には、リフト等を積極的に使用することとし、原則として人力による人の抱上げは行わせないこと。また、対象者が座位保持できる場合にはスライディングボード等の使用、立位保持できる場合にはスタンディングマシーン等の使用を含めて検討し、対象者に適した方法で移乗介助を行わせること」と指摘し、福祉機器を積極的に使用することを指導しています。

　一方、介護保険制度の施行により、福祉用具の利用は急速に増加の傾向にあり、その利用効果の理解も高まっています。在宅では、要介護者の心身の状況や住環境等に適合した最新の福祉用具の導入が進んでいる状況ですが、社会福祉施設においては、福祉用具や入浴設備等の福祉機器は、初度調弁（しょどちょうべん）で準備したものを、施設利用者全員で使用するという考えが強く、利用者一人一人に対応したものになっていません。また、指針に示されたリフト等の導入率も非常に低い状況です。

　本書は、これら介護労働問題を改善する福祉用具の活用、あるいは高齢のサービス利用者支援で必要不可欠になっている補聴器の活用、さら

には、技術革新による介護ロボット導入などを取り上げ、これからの社会福祉施設等におけるサービス提供のあり方、介護労働の今後のあり方について論究しています。

　これからの施設経営においては、福祉機器使用が前提となり、介護労働者の負担軽減や入所者のQOLを高めることが求められる時代となります。そういう意味において本書が、多くの社会福祉施設経営者のお役に立てれば幸甚です。

2014年7月
公益財団法人テクノエイド協会
理事長　大橋　謙策

CONTENTS

は じめに

序章 ICFに基づく福祉機器の活用と自立生活支援

1 社会福祉における「自立」の考え方の見直しと地域自立生活支援　*10*
2 ICF（WHO・国際生活機能分類・2001年）の考え方　*16*
3 自立生活支援の考え方とソーシャルワーク実践　*19*
4 自立生活支援における福祉機器の位置と今後の課題　*23*

第1章 福祉機器のこれまで、そして未来

1 福祉機器の役割　*28*
2 福祉機器のあるべき姿　*36*
3 これからの福祉機器　*45*

第2章 福祉機器を導入すると業務が変わる

1 リフトを導入すると介護人材が定着する　*50*
2 補聴器の装用援助（聞こえの保障）で
　利用者とのコミュニケーションが変わる　*74*
3 介護ロボットを活用すると
　入所者のQOLやADLの向上が図れる　*102*
4 自動排泄処理装置を入れると
　コストパフォーマンスが変わる　*133*
5 可搬型階段昇降機を導入すると
　生活行動範囲が広がる　*149*

第3章 福祉機器導入の具体的方法

1 福祉機器導入のための準備　*176*
2 福祉機器関連情報の入手　*181*
3 施設でも使える福祉機器の導入制度　*194*

わりに

序　章

ICFに基づく
福祉機器の活用と
自立生活支援

1 社会福祉における「自立」の考え方の見直しと地域自立生活支援

(1) 福祉機器が変革する介護サービス

　社会福祉分野は人力によるサービス提供が、人にやさしいサービスであるという呪縛に長らくとらわれてきています。その結果、サービス従事者の腰痛等を引き起こし、介護現場はきつい労働環境というイメージをつくり、"3K職場"といわれるようになりました。

　他方、社会福祉分野は、身体機能の診断とその対応策についても1980（昭和55）年に世界保健機関（WHO）が制定した国際障害分類（ICIDH）を前提とした失われた機能を補完するという医学モデルにとらわれ、その人の生活環境を改善して、生活の質（QOL）を高め、その人の自己実現を豊かに図るという社会生活モデルからの発想、視点は弱かったといわざるを得ません。

　本巻はタイトルにあるように、「福祉機器」が社会福祉の現場実践を改革する可能性について論究しようと企画されました。本章は、その前提になる自立生活支援の考え方の見直し、その基になるICF（International Classification of Functioning, Disability and Health：国際生活機能分類）の考え方について考察します。

(2) 自立生活に対する考え方の変遷

　日本における「自立」生活の考え方は、戦前の「富国強兵政策」や戦後の「高度経済成長政策」の強い影響、あるいは労働経済学の強い影響を受けて、自らの労働力を活用・駆使して働き、自らの生計（家族の家計）

を維持し、生活できることが「自立」であると考えられてきました。したがって、身体障害者の「自立」の考え方も、残存能力をより高めて喪失している機能を代替させるか、喪失した機能を福祉機器により補完させて社会経済活動へ参加させ、自ら生計を維持させることが主たる目的であったといえます。

　他方、都市化、工業化、核家族化に伴い、家族や地域での養育、介護機能が脆弱(ぜいじゃく)になってきたことを受けて、日本では1971（昭和46）年から開始された「社会福祉施設緊急整備5か年計画」に基づき、急速に入所型社会福祉施設が整備されていきます。入所型社会福祉施設では、限られた空間において、職員によるケアおよび見守りを前提として24時間365日の生活支援が展開されます。そこでは、サービス利用者のADL（日常生活動作）は問題になるものの、「自立」生活支援の考え方は、身体的「自立」支援を除けば大変認識が狭く、希薄であったといわざるを得ませんでした。

　しかしながら、1990（平成2）年の社会福祉関係の法律改正、とりわけ戦後の社会福祉行政の考え方を体現していた社会福祉事業法が、2000（平成12）年に社会福祉法へと改称・改正されることにより、社会福祉の基本理念が個人の尊厳の保持を旨として、地域での自立生活支援へと「コペルニクス的転回」を図るに及んで、「自立」の考え方は大きく変わってきます。

　社会福祉分野では、憲法第25条の「生存権」を根拠にした考え方が一般的ですが、筆者は1960年代から、憲法第13条の「幸福追求権」に基づき、福祉サービスを必要とする人の自己実現を図ることの重要性を指摘してきました。その考え方がようやく社会福祉法等で認証され、その後成立した障害者自立支援法（現在は障害者総合支援法）でも、その新しい社会福祉サービスの提供のあり方を理念として掲げました。

したがって、今日の社会福祉における「自立」の考え方は、憲法第13条に基づく国民の幸福追求権を前提に、福祉サービスを必要とする人の人間性の尊重および個人の尊厳を踏まえた地域での自立生活支援へと転換されました。それに伴い、「自立」生活支援の要件も従来と大きく変えなければなりません。

（3）社会福祉における自立生活と支援のあり方

　今日の「自立」生活の要件は、少なくとも①労働的・経済的自立、②精神的・文化的自立、③身体的・健康的自立、④生活技術的・家政管理的自立、⑤社会関係的・人間関係的自立、⑥政治的・契約的自立の6つであり、その要件からアセスメント（診断・判断）し、支援していくことが求められています。

■1 労働的・経済的自立

　第1の自立の要件は、労働的・経済的自立です。人間の存在に欠かせない労働の機会を得ることと、経済的自立とは必ずしも同一ではありません。労働を通して社会とつながり、労働を通してものを創造する喜びを得ることは、人間の成長に重要な要件です。その労働の結果が、家計の維持、生活の維持につながる収入になればそれに越したことはありませんが、その両者を簡単に同一視しないで考えることが大切です。福祉機器を活用すれば労働する機会はたくさん増えます。既存の産業構造への就労という発想ではなく、福祉機器を活用して労働の機会を開拓するという考え方が重要になります。

■2 精神的・文化的自立

　第2の自立の要件は、精神的・文化的自立です。人間として自ら

の快・不快の感性を基にして、自ら感じたことを自己表出させる文化的自立の問題です。美しい空間で心地よい環境で生活し、思うところを多様な方法で感情表出するのは人間そのものの権利であり、人間だけに許された営みです。この精神的・文化的自立は自ら表現するという営みばかりではなく、自らが「快」と思える香りを楽しむなどの生活環境の整備とも関わる大きな問題です。その点からすると、意思伝達が困難な人が利用して、自らの意思を伝えることを補助する意思伝達装置は、福祉機器の中でも重要な役割を担っています。

3 身体的・健康的自立

　第3は身体的・健康的自立です。生活のリズムを保ち、生きる気力、生きる意欲、喜怒哀楽を豊かに持てる身体的・健康的自立の問題です。

　1970年代以降、こども・青年の無気力・無感動・無責任という3無主義が問題になり、1980年代には、「生きる力」が希薄になっていないかと問題になりました。今日の子どもの"引きこもり"や社会関係・人間関係能力の脆弱化、働く意欲、生きる意欲の喪失もしくは希薄化の問題は今に始まったことではありません。24時間の生活リズムを保ち、社会関係・人間関係を築き、社会的に生きていくことは身体的・健康的自立の最も基本です。身体的・健康的自立を考えるうえで座位保持装置や立位保持装置の持つ意味を改めて考え直す必要があります。また、生活習慣病における服薬管理や精神障害者の服薬管理も大きい課題になっています。本人に服薬の時間を知らせる福祉機器などもこれからは重要になってきます。

❹ 生活技術的・家政管理的自立

　第4の自立要件は、生活技術的・家政管理的自立です。自らが生きていくうえで生活を整える、日常生活を維持していくうえでの技術・知恵がなければ生きていけません。生活技術的・家政管理的自立が社会福祉分野で大きな問題となったのは1970年代で、当時の福祉事務所の現業員の人々が、金銭的給付では解決できない問題としての「新しい貧困」問題を提起しました。2013（平成25）年に成立した「生活困窮者自立支援法」で指摘した事項はまさにその問題でした。認知症の高齢者や知的障害者、精神障害者の地域自立支援を考えると、分別してゴミを出すこと、バランスのとれた食生活を送ること、家計面での創意工夫等は大きな問題です。今後は財産管理や相続問題と関わり、成年後見制度や日常生活自立支援事業の問題も大きな課題となってきます。

❺ 社会関係的・人間関係的自立

　第5の自立要件は社会関係的・人間関係的自立の問題です。日本は、稲作農耕が産業構造の基本であり、その稲作農業を行ううえで必然的に求められた"土着性と共同性"がもたらした地域の支え合いの機能がありました。そのために、社会関係や人間関係は豊かであったといえます。しかし、今や都市化、工業化、核家族化によりそれは脆弱になってきています。新たな技術であるパソコン等のIT技術を積極的に活用してコミュニケーションを豊かに保てるようにすると同時に、人間関係や豊かな社会関係を築けない人々の安らぎや癒しを保障する福祉機器（例：癒し系のアザラシ型ロボット「パロ」など）の開発が求められています。

6 政治的・契約的自立

第6の自立の要件は、第5の要件、あるいは第4の要件などとも関わってきますが、1人の人間として自律的に意見を表出し、契約する能力のことです。

日本は、"言わなくてもわかるでしょう"的な文化を有しています。しかしながら、今やそうではなく、国際化の状況も踏まえて、自分の意見を表出し、お互いがそれを認め合い、ときには反発しながらも合意形成を図り、契約する文化になってきています。そこでは、意思伝達装置、コミュニケーション機器などが重要になってきます。

＊

このように、社会福祉における「自立」生活とその支援のあり方は、従来の労働経済学的なものとは大きく変わってきていますし、身体的自立の支援のあり方、考え方も変わってきています。

また、地域での自立生活支援を考えるということは、入所型施設での生活とはまったく異なっており、従来の入所型施設等において、医学モデルに基づいて考えた「自立」のとらえ方では対応できません。しかも、地域での自立生活を考える場合、福祉サービスを必要としている人は単身者ばかりではありません。同居している家族全体への支援や、ときには近隣住民との関係も視野に入れた支援が必要です。

中でも、福祉サービスを必要としている人々の住まいの状況や豪雪地域であるかどうかとか、急な坂があるかどうかとか、住んでいる地域の属性の問題は、入所型施設での「自立」支援では考えも及ばない問題を投げかけてきます。

そのような中で、従来の補装具（義肢装具等）の提供というレベルの支援から、積極的に自立生活を支援するという視点により福祉機器の開発が進むことにより、サービス提供のあり方が見直される必要があります。

2 ICF（WHO・国際生活機能分類・2001年）の考え方

　従来の社会福祉における「自立」生活支援の考え方に大きな影響を与えていたのは、1980（昭和55）年に世界保健機関（WHO）が定めた国際障害分類（ICIDH）です。ICIDHは、身体的機能障害に着目し、障害を固定的にとらえ、身体的機能障害があると、それがその人の能力不全につながり、ひいては社会生活上の不利を生み出すという考え方であり、かつその３つの機能の相関性が強いと考えられました。ICIDHでは、身体的機能障害を医学的に診断することが、ある意味前提になります。従来、更生相談所において身体的機能障害の程度を診断し、身体障害者手帳の等級の判定をしていましたが、それは医学的見地に基づく診断でした。しかも、それらの診断は本来あるべき身体機能が欠損しているという、どちらかといえばマイナス的側面に着目した診断といえます。

　そのICIDHが2001（平成13）年に国際生活機能分類（ICF）に改訂されました。ICFは、その人の身体的機能障害の診断もさることながら、その人の能力不全や社会生活上の不利になる要因として、その人の生活環境も大きな要因があると考え、生活環境を改善することにより、それらの能力不全や社会生活上の不利を改善できると、環境因子の重要性を指摘しました。それは言葉を替えて言えば、身体的機能障害に着目することよりも、生活機能上の障害に着目する考え方です。

　だとすると、それは何も身体的機能障害を有する人にのみ求められる対策ではなく、一人暮らし高齢者も生活上の機能障害を抱えるという意味合いで、支援・対策が必要となり、"障害"概念それ自

体の見直しが必要にならざるを得ません。

　このICFの新しい考え方は、ICIDHが医学モデルと呼ばれたのに比して、社会生活モデルと呼ばれています。ICFは単にある局面を取り上げて診断し、それを固定的にとらえるのではなく、その人の生活上の機能障害がどのようなレベルで起きるかを、生物個体レベル（心身機能）、生活レベル（日常生活の活動）、人生レベル（社会的役割・評価をもった参加）の３つのレベルから考え、障害を単なる心身機能障害と捉えず、生活機能障害と包括的な捉え方に変えました。

　従来のように、病院で疾病治療や身体機能回復としての狭義的な意味合いでの"リハビリテーション"を行うとか、入所型社会福祉施設での生活を支援するという考え方の際には、ある意味ICIDHの考え方で対応できたかもしれませんが、今日のように社会福祉の考え方のメインストリームが、地域での自立生活支援になってきている時代においては、より生活環境を重要な要因として考えるICFが重要になり、ICFの視点から政策やケアのあり方、自立生活支援のあり方をすべて見直さなければならなくなってきています。

　しかしながら、生活環境を整備しても、要は生活者である住民自身が自らの生活を改善、向上させようという意欲や意志がなければ生活は改善されませんし、向上もしません。ICFは世界保健機関（WHO）が定めた疾病分類と同じように身体的機能障害を軸にした生活上の機能障害に関わる分類のための指標という面があるので、当然のことながら個人因子である個人の意欲、意志、希望などは対象になっていませんし、それらに影響を与えている個人の生活歴、生活体験などは反映されていません。それと同時に、生活者である住民の生活上の機能障害である事項（生活課題）が、解決できるかできないかということに影響を与えている、生活者の置かれている

立場ということについても考えられていません。つまり、その人が生活上「できること」と、立場上「せざるを得ないこと」と、そのことに対して「する意欲があること」との違いが今ひとつ整理しきれていません。地域での自立生活支援においては、立場上あるいは生活環境上「せざるを得ない」人が、生活上それができないことが問題になります。このように、地域自立生活支援では、単純に身体的にできるかどうかというレベルだけでは対応できない課題を考えて、サービス提供のあり方や生活環境を改善する福祉機器の提供を考えざるを得ません。

3 自立生活支援の考え方とソーシャルワーク実践

　自立生活支援を行う際には、「求めと必要と合意」に基づく自立支援方針の決定と実施が大きな課題になります。専門家は、往々にして自分たちは"専門家"なのだから、すべてわかっているのだから、任せてくれればよいと思いがちであり、"上から目線"でものを見てしまいがちです。

　しかしながら、自立生活支援における環境因子の改善や身体的障害の診断においては大いに専門家としての視点、力量が問われますが、何にもまして重要なのは、サービスを必要としている人の希望や意欲、生きがいといった側面を大切にすることです。

　医療の世界を中心に、自然科学分野ではエビデンス（事実）に基づく発想、対応が重要視されます。同じように社会福祉分野でも、環境因子や身体機能の診断面での専門職としてのアセスメント（診断）におけるエビデンスが重要になりますが、ある意味それ以上に重要なのが、福祉サービスを必要としている人の人生を再設計していくこと、新しい人生を紡ぎ、物語を作ることに寄り添うという側面でのナラティブ（物語）が大きな意味を持つということです。したがって、専門家がエビデンスのみに基づいて、サービス提供の考え方や内容を決定することは避けなければなりません。福祉サービスを必要としている人の気持ち、意向を第一義に考えなければなりません。

　ところが、福祉サービスを必要としている人は、往々にして自らの意見を述べることが機能的にできなかったり、心理的に躊躇したり、あるいは認識能力として不十分であったり、さらには自らの生

活状況の自己覚知ができていない場合が多くあります。また、いわば"食わず嫌い"ともいえるように、福祉サービスを利用したら、福祉機器を活用したら、自らの生活がどのように変わるのかの見通しを持てなかったりという場合が多くあります。

しかも、それらに"輪"をかけて、「家」制度という文化に呪縛された家族の意見の前には、福祉サービスを必要としている本人に自らの希望、意向を表明してもらうことは容易ではありません。まして、生活支援を展開する場が在宅であればなおさらのことです。このような、環境因子を十分わきまえて、福祉サービスを必要としている人の"求め"と専門家が"必要"と考える判断を相互に出し合い、インフォームドコンセント（合意）に基づいて自立支援方策を立案することが重要になります。

したがって、自立生活支援を行う際にもっとも重要なことは本人の主体性を確立することであり、そのために本人の自己決定、関与を最大限に尊重して関わることが求められます。

このように、自立生活支援方針を作成する際には、福祉サービスを必要としている人の社会生活上の課題、その人が抱えている生活困難、生活のしづらさ、あるいはどのようなサービスがあれば生活が改善できるのかといった視点からの社会生活の診断（アセスメント）が重要になります。とりわけ、地域での自立生活を支援する場合には、先に述べた6つの自立の要件（序章第1節）を前提として、環境因子としての住宅環境、生活環境、家族環境および近隣関係が大きな関わりを持つ因子としてアセスメントされなければなりません。

それと同時に、従来のケアの考え方において希薄であった「聞こえ」の保障をこれからは重視する必要があります。日本では基本的介護、看護としての食事介護や排泄介護はそれなりに位置づけられ

ていますが、「聞こえ」の保障はほとんど重視されてきませんでした。アメリカやヨーロッパにおいては「聞こえ」の保障の重要性が認識されていますが、日本ではその点が弱いといわざるを得ません。自立の要件の一つは社会関係を豊かに持つことであり、今日では、孤独、孤立が社会的に大きな問題になっていますが、その割には「聞こえ」の保障は福祉関係者の間でもあまり着目されてきませんでした。

2012（平成24）年度に日本補聴器工業会が行った「ジャパントラック」という高齢者の補聴器、「聞こえ」に関する調査は、国際的な比較ができるようにアメリカ、フランス、ドイツ、イギリス等の国と同時並行して行われました。その調査によれば、高齢者の難聴はかなり高い率でおきており、かつ難聴高齢者に「うつ」の症状や「認知症」の症状が現れる可能性が高いことが明らかになりました。このような調査は今後とも継続的に行われ、その検証度を高める必要がありますが、経験則的に考えても「聞こえ」が十分でなければ社会関係を豊かに持てず、孤立感を高め、生きる意欲を喪失させていくであろうことは予測するに難くありません。実際問題として、全国の介護保険施設である特別養護老人ホームや老人保健施設を利用している高齢者は、ほとんど補聴器を装着していません。それらの利用者がすべて難聴でないとはいえないわけで、職員や他人とのコミュニケーションが取れない状況で"ケア"を受けていること自体が問題です。

他方、福祉サービスを必要としている人の自立支援において、多様な福祉機器、福祉用具を適切に活用すればその人の自立度は高まります。2012（平成24）年度から介護保険制度において、福祉用具を活用する場合に「福祉用具サービス計画」を策定することが義務化されましたが、この持つ意味は大きいといえます。そこでは、福

祉用具がなぜ必要なのか、それを使用することにより自立生活がどう変わるのかという見通しをもった「福祉用具サービス計画」の策定が求められています

　また、福祉機器の活用は、在宅での介護の場合であれ、入所型施設等における福祉サービスの提供の場合であれ、介護労働者の介護負担を肉体的にも、精神的にも軽減させる効果があります。内閣府の調査（2013〔平成25〕年度）でも、国民の介護ロボット等の使用への抵抗感は薄れ、逆に大いに使用すべきであるとの結果が出ています。

4 自立生活支援における福祉機器の位置と今後の課題

　自立生活支援において、生活環境を変える福祉用具、福祉機器の活用は今後ますます重要になります。しかしながら、福祉用具の活用は、介護保険制度上においても、障害者福祉施策上でも大きな課題があります。

　介護保険に基づく自立生活支援に関わる介護支援専門員は、福祉用具専門相談員の「みなし職」としての基礎資格を有している者も多いのですが、実際にはほとんどその意識がなく、かつ福祉用具の知識も十分ではなく、福祉用具供給業者へ"丸投げ"している状況があります。したがって、自立生活支援に必要なアセスメントの面においても、自立生活支援計画策定上でも介護支援専門員の中に福祉用具活用の視点と意識がないことが大きな課題になってきています。

　そのような状況の中で、福祉用具専門相談員の社会的認知と資質向上にむけて、一般社団法人日本福祉用具専門相談員協会が組織されました。その協会が福祉用具専門相談員の資質向上にむけてのキャリアアップのためのポイント制導入等を構築し、活動を展開しています。しかしながら、それだけでは質的に十分ではないと考え、公益財団法人テクノエイド協会が従前より行っていた、より体系的な福祉用具に関する専門職として養成してきた「福祉用具プランナー」との連動性を検討しています。

　一方、介護保険施設である特別養護老人ホームで、なぜ福祉機器の活用が進んでいないのかという問題があります。介護保険制度では、在宅でサービスを利用する場合には、介護支援専門員等が作成

するケアマネジメントにおいて、福祉用具を個々人の状況に応じて利用できますが、特別養護老人ホームにおいてはサービスがパッケージ化されて提供されており、利用者はそれに対し包括的利用料を支払うという考え方であるために、個々人の状況に応じて福祉機器を利用できる仕組みになっていません。福祉機器は施設が提供するパッケージ化されたサービスの一つにされ、施設利用者の多くが利用することを前提とした汎用性の高い福祉機器を施設が備品として備え付けるという位置づけです。そのため、パッケージ化されたサービス、備品以外に個別に対応するということを、施設側は経営的見地や個別対応の煩雑さからさけようとする傾向があります。したがって、車いすに代表されるように、利用者個々人の状況にきちんとフィッティングされて活用されているわけではありません。汎用性の高い、いわば移動手段としての扱いの標準型車いすが提供されていて、多くの利用者はいわば、ずっこけスタイルで座位姿勢をとっています。施設利用者の状況に合わせて車いすシーティングをきちんと行っている施設のサービスの質は高く評価されていながら、それらの対応が普及しないのは、特別養護老人施設における福祉機器が「備品扱い」とされており、社会福祉法人などが経営上の理由でその対応をしていないからです。施設においても介護支援専門員が利用者一人一人に即応したケアマネジメントを行うように求められていながら、実際には進んでいないのが現状です。

　しかしながら、社会福祉施設における福祉機器・福祉用具の活用は、サービス利用者の自立生活度を高める側面だけでなく、サービス従事者の労働災害である腰痛予防上からも、求められています。2013（平成25）年6月に厚生労働省は腰痛予防対策の改訂指針を出しました。介護現場の腰痛が増えていることに鑑み、その対策を求めたものですが、介護人材が不足している状況の中、介護人材を確

保し、働きやすい労働環境を整備するうえからも福祉機器・福祉用具の活用は欠かせません。

　このような状況の下では、福祉機器・福祉用具の開発は工学的見地からのみの開発でなく、開発の企画の段階から利用者の置かれている状況、利用上の課題を十分踏まえて開発される必要がありますし、開発された福祉機器・福祉用具も実際の生活場面において、あるいは介護現場においてどのような課題が生じるのかを臨床的に評価する必要があります。公益財団法人テクノエイド協会では、福祉用具活用における安全性の確保と事故対策を考えた福祉用具の臨床的評価事業を行っていますが、この事業の拡大充実が求められています。

　日本では、福祉機器に関する相談、フィッティング、簡単な修繕、展示などの総合的なセンター機能が十分整備されていません。1989（平成元）年に策定された「高齢者保健福祉10カ年計画」（通称ゴールドプラン）に基づき、国民の介護問題への啓発普及、ならびに介護人材の養成のために、1992（平成4）年に「介護実習・普及センター」が国庫補助事業として都道府県に設置され、その中に福祉機器の普及啓発機能も含まれていましたが、それはメインの業務ではありませんでしたし、その多くが福祉用具、福祉機器の展示に留まっていました。いまや、この「介護実習・普及センター」への国庫補助がなくなり、地方交付税の算定基準の一つに位置づけられて一般財源化されるに伴い、「介護実習・普及センター」を設置している都道府県が少なくなってきています。

　しかしながら、介護実習の普及という側面では「介護実習・普及センター」の役割が終わったという評価は首肯できますが、他方の福祉用具・福祉機器の普及・活用の促進という側面はますます重要になってきています。今日的課題、今後の課題を考えると、「介護

実習・普及センター」を改組発展させて「福祉用具相談・活用センター」(仮称)か、「介護技術・福祉用具相談・活用センター」(仮称)といった福祉機器・介護ロボットを活用した新しい介護技術の向上、普及や福祉用具・福祉機器の相談・活用の機能を有機化させて提供するセンターへの改組が必要ではないかと思います。一定の人口規模ごとに「福祉用具相談・活用センター」(仮称)を設置し、単なる展示のみならず、サービスを必要としている人の自立生活を支援できるフィッティング機能についての相談、支援も行えるセンター機能が必要です。

福祉機器のこれまで、そして未来

1 福祉機器の役割

（1）福祉機器に対する正しい認識

　日常生活におけるあらゆる活動は、道具や機器によって支えられています。特に日本人は、自動車・家電製品・パソコンやスマートフォン等最新の製品を、老若男女に関係なく積極的に生活に導入する国民性を持っています。介護現場においても同様で、業務のシステム化や合理化は時代の流れでもあることから、介護保険制度の請求事務や会計事務、ケアプラン作成や利用者管理等において、パソコンは無くてはならない道具となっており、どこの施設・事業所でも積極的に導入しています。

　しかしながら、これが介護作業となると少し様子が異なってきます。介護現場では、「人の手で」行う人的介護が中心になっているため、できるだけ要介護者・介護者の身体に負担の少ない方法である「身体力学（body mechanics）」に基づいた介護技術が主流になっています。しかし、この技術においては、福祉機器を活用した介護の考え方が抜けており、残念ですが、現場では腰痛になっても、「人の手で」行う介護が当たり前であるという考え方なのです。2013（平成25）年6月に、「職場における腰痛予防対策指針」が改訂されましたが、この報告書では、労働災害（4日以上の休業を要する場合）の腰痛は職業性疾病の6割（2011〔平成23〕年度4,822件）を占め、保健衛生業のうち、社会福祉施設（他は医療施設）だけで全業種の約2割を占めており、さらに、この10年で件数が2.7倍に増加するという異常な状態にあり、急きょ指針改訂を行ったと報告書に記載

されています。他の業種では、自動化・省力化が進み発生件数は減少傾向を示しており、悪い業種（運輸交通業、小売業）でも、この10年で1割程度の増加（1.1倍）なのです。

　身体力学に基づいた介護技術が効をなし、腰痛予防対策になっていれば指針改訂にならなかったのですが、期待に反して労働災害における腰痛は、今後も社会福祉施設で増加傾向を示すことが予想されます。そのため、同指針の対策（作業管理）では、唯一、福祉用具等の機器導入での対策しかないと書かれています。

　以上のように、介護作業において腰痛予防・省力化等の有効な手段である福祉機器ですが、さらに社会福祉施設において、利用者に対して有効に機能する面を福祉機器はもっています。その根拠の一例としては、2015（平成27）年度介護保険制度改正に向けて、社会保障審議会介護保険部会が出した報告があります。その報告書「介護保険制度の見直しに関する意見」では、「高齢者の自立支援を図るためには、自らの身体能力等を最大限に活用できるよう生活環境の観点から支援することが必要であり、要介護者・要支援者が増加する中、福祉用具の役割は重要となっている」と書かれています。このように、介護保険制度においても福祉用具は、要介護者の自立支援に有効な手段と考えられているのです。

　したがって、福祉機器は、社会福祉施設における介護労働者の腰痛予防だけではなく、介護作業の省力化・自動化に貢献し、さらに、要介護者の自立支援を促し、ひいては介護の質を上げる道具・機器として、経営者・管理者は積極的に導入する検討を始めなければならないのです。

（2）福祉機器とは

　それでは、福祉機器とはどのようなものを指すのでしょうか。福祉用具の研究開発及び普及の促進に関する法律（通称：福祉用具法）の第2条には、福祉用具（≠福祉機器）としての定義があります。「この法律において福祉用具とは、心身の機能が低下し日常生活を営むのに支障のある老人又は心身障害者の日常生活上の便宜を図るための用具及びこれらの者の機能訓練のための用具並びに補装具をいう」と規定され、また、介護保険法での福祉用具は、「心身の機能が低下し日常生活を営むのに支障がある要介護者等の日常生活上の便宜を図るための用具及び要介護者等の機能訓練のための用具であって、要介護者等の日常生活の自立を助けるためのものをいう（第8条第12項）」と規定されています。また、福祉用具の外縁は極めて広く、さらに日々研究開発が行われ、新製品が生み出されるため介護保険で対象となる福祉用具は、「介護保険制度における福祉用具の範囲の考え方」として、次のような点を判断要素として選定することになっています。

　①要介護者等の自立促進または介助者の負担軽減を図るもの
　②要介護者等でない者も使用する一般の生活用品でなく、介護のために新たな価値付けを有するもの（たとえば、平ベッド等は対象外）
　③治療用等医療の観点から使用するものではなく、日常生活の場面で使用するもの（たとえば、吸入器、吸引器等は対象外）
　④在宅で使用するもの（たとえば、特殊浴槽等は対象外）
　⑤起居や移動等の基本的動作の支援を目的とするものであり、身体の一部の欠損または低下した特定の機能を補完することを主たる目的とするものではないもの（たとえば、義手義足、眼鏡

等は対象外)
⑥ある程度の経済的負担感があり、給付対象とすることにより利用促進が図られるもの(一般的には低い価格のものは対象外)
⑦取付けに住宅改修工事を伴わず、賃貸住宅の居住者でも一般的に利用に支障のないもの(たとえば、天井取付け型天井走行リフトは対象外)

なお、介護保険対象になっている福祉用具の付属品(ベッド用サイドレールや車いすのクッション等)についても、判断要素に合うものについては、給付対象となっています。

さらに、国際標準から福祉機器の定義を確認してみますと、WHO(世界保健機構)のICF(国際生活機能分類)では、「障害のある人の生活機能を改善するために改造や特別設計がなされた、あらゆる生産品、器具、装置、用具」とされ、ISO(国際標準化機構)の「障害者のための福祉用具－分類と用語(ISO9999：2007)」では、「障害者によって使用される用具、器具、機具、機器、ソフトウェアであって、機能障害、活動制限、参加制約を予防、補償、検査、軽減、克服するもの。特別に製造されたものであると、汎用製品であるとは問わない」とされています。

したがって、本書でいう「福祉機器」は、一番広い概念であるISOの定義を準用し、共用品やユニバーサルデザイン製品並びに特殊浴槽のような設備を含めた概念とします。

(3) 福祉機器の歴史

福祉機器としては、杖が一番古い歴史を持つことは想像に難くないですが、製品化されたのは産業革命(1760年〜)が始まった頃と記録に残っています。車いすの歴史も古く、西暦500年代の中国

（南北朝時代）に作られた彫刻の中にいすに車輪を付けた家具の様子が描かれていますが、製品化されたのは、1932年にエンジニアのHurry Jenningsが対麻痺の同僚のために、折りたたみ式チューブタイヤ手動車いすを開発し、Everest＆Jennings社を創設したことが記録されています。介護用ベッドは、ギャッチベッドとも呼ばれますが、1930年頃、インディアナ医科大学の教授であったWillis D.Gatch氏が、日常行われていた手術での必要性から発明したものです。したがって、福祉機器が製品として使用された歴史は比較的浅く、ベッド・車いす・杖類を除けば、リフト等ここ数十年内に作られたものがほとんどです。

次に、日本における福祉機器に関する制度をみていきたいと思います。一番古いのは、戦後の影響が色濃く残る1950（昭和25）年の身体障害者福祉法の中で規定された補装具です。「身体の欠損または身体の機能の損傷を補い、日常生活または職業生活を容易にするために必要な用具」であり、その種目は厚生労働大臣が定める「補装具交付基準」で示され、義肢・装具・車いす等が交付され、種目の追加なども行われています。また、基準額も毎年改定され、具体的な取り扱いに関しては厚生労働省社会・援護局から技術的助言として「事務取扱指針」が出されています。また必要によって材料を変更することも「基準外補装具」として認められており、必要に応じて修理が認められていることも特徴的です。

その次に古いのは、1969（昭和44）年に身体障害者福祉法に基づく重度身体障害者の日常生活用具給付として制度化された「重度身体障害者日常生活用具給付等事業」で、「在宅の重度身体障害者に対し、浴そう等の日常生活用具を給付または貸与すること等により、日常生活の便宜を図り、その福祉の増進に資すること」を目的としています。1972（昭和47）年には、要援護老人および一人暮ら

し老人に対し、「特殊寝台等日常生活用具を給付または貸与することにより、日常生活の便宜を図り、その福祉の増進に資すること」を目的に、老人日常生活用具給付等事業がスタートしています。実施要綱と通知で長い間事業が行われましたが、1990（平成2）年の老人福祉法の改正で法律に明文化されました（老人福祉法第10条の4）。

　その他の制度としては、社会保険からの給付では、医療分野（医療保険）や労働災害、厚生年金による給付も行われています。医療保険では治療上必要なもので、疾病障害等の回復改善を目的に行われるものとされ、治療用装具がこれにあたります。補装具が症状固定後を条件にしているのに対し、治療用装具は症状が変化する急性期からの短期間の使用を想定しています。このため義肢装具、歩行補助器等に限定されています。労働者災害補償保険からの給付は、練習用仮義足・義手、車いす等があります。厚生年金受給者に対して行われていた義肢、装具、車いすの給付事業は、2004（平成16）年度で廃止されました。このように福祉機器の公的給付にはいくつかの制度があり、手続き、対象範囲（身体状況、職業、年齢等）、費用負担もそれぞれの制度により異なるため、利用者にとっては複雑でわかりにくいものとなっていますが、是非、社会福祉施設等では要介護者に対して適切に情報提供をして、利用を促していただきたいものです（制度の利用の仕方は、第3章で解説します）。

（4）福祉機器と事故

　「介助者が車いすを押して散歩していたが、利用者の足がフットレストから落ちていたのに気がつかないで、足をまきこんでしまった」「ベッドから車いすに利用者を介助し、乗せ移しをしようとし

たときに、車いすのフットレストを折りたたんでいなかったために、足にひっかかって転倒した」等が福祉機器に関する代表的な事故ですが、事故の要因は、人的要因、物的要因、環境要因の「人」「モノ」「環境」に大別されます。実態としてはその複合、複数の要因が重なることは十分考えられますが、公益財団法人テクノエイド協会の過去の調査や、製品安全協会、その他の先行研究から、福祉機器が介在している「事故・ヒヤリハット」として特徴的なことは次の点です。①移動・移乗時、歩行中に多い、②車いすに多い、③転倒・転落が多い、④人に起因したものが多いです。

　死亡事故で多いのは、介護ベッドと電動車いすです。2007（平成19）年5月「消費生活用製品安全法」が改正されてから、医療機関や施設、在宅介護において介護ベッド関連での重傷や死亡事故が約50件報告されています。事故の原因の約70％はベッド周りのすき間に挟まる事故ですが、死亡事故の場合はこの挟まり事故がほとんどなのです。メーカーがスペーサ等を無料で配布しているのですが、なかなか現場で対応できていないのが現状です。電動車いすでは、年間200件以上の交通事故が起こっており、そのうち死亡は年間10件前後です（**図表1-1-1**）。「製品に起因する事故」は件数も少なく、被害も軽微で済んでいる一方で、「製品に起因しない事故」が約半数あり、こちらは重篤な人的被害を発生させています。これらの原因には、不注意や誤った使い方が多くなっています。

　どちらにしても、福祉機器の事故は、物的要因（製品起因）は少なく、大半は人的要因（ヒューマンエラー）なのです。したがって、これらを取り扱う現場の介護労働者の教育が大切になります。

【図表1-1-1】電動車いすと手動車いすの交通事故死傷者数の推移

(件)

		平成20年	平成21年	平成22年	平成23年	平成24年	合計
電動車いす	死者	11	12	13	11	7	54
	傷者	222	218	242	186	206	1,074
	合計	233	230	255	197	213	1,128
手動車いす	死者	1	2	3	3	7	16
	傷者	88	86	99	93	93	459
	合計	89	88	102	96	100	475

出典：警察庁

2 福祉機器のあるべき姿

（1）福祉機器への誤解は介護への誤解

　「福祉機器を使った介護は冷たい、人の手で行う介護は温かい」とか、「リフトで移乗するのは、人を荷物扱いにしている」とかいわれることがあります。これは、福祉機器のことをあまりよく知らない方の意見だと思いますが、その原因には、介護のあり方に関する誤解があるのではないかと思うことがあります。そのことを2つの視点から述べてみたいと思います。

　まず1つ目の視点です。2013（平成25）年度の腰痛予防対策指針改訂では、1994（平成6）年度の腰痛予防対策指針に腰痛予防として推奨されていた「移乗時の2人介助」が、福祉用具の使用が困難で、対象者を人力で抱上げざるを得ない場合に限定されました。なぜなら、要介護者を2人で抱上げ介助することは、必然的に前かがみ姿勢となり（図表1-2-1）、腰部への負担は軽減できないことが証明されているからです（図表1-2-2）。

【図表1-2-1】移乗時の2人介助

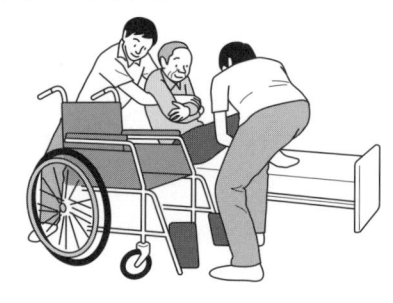

【図表1-2-2】腰の骨の腰椎に加わる圧力

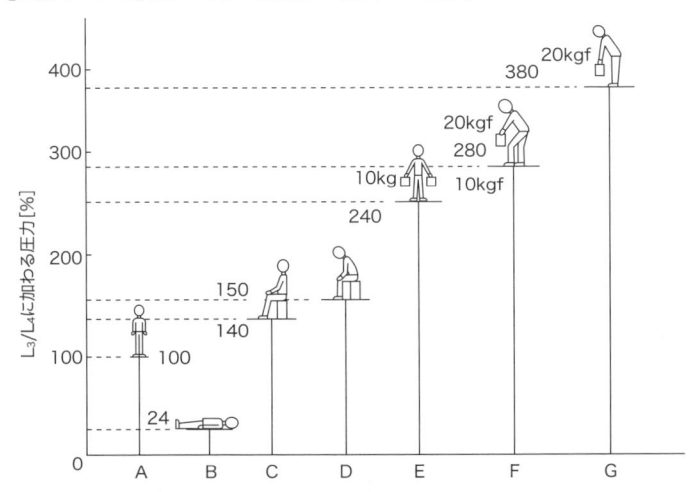

腰の骨の腰椎3番・腰椎4番に加わる圧力（図表1-2-2）は、立位姿勢で100%とすると、前にかがんで質量20kgの物を両手で持ち上げた場合は380%に上昇する

出典：小川鉱一『看護動作を助ける基礎人間工学』東京電機大学出版局、1999年

　しかし、介護現場では、いまだに行われている方法です。また、抱上げによる移乗の場合、本当は温かい介護になっていないという事実もあります。介護労働者は要介護者の身体に手を回し支えるか、ジャージ等ズボンの腰部分か寝巻の紐部分を持って移乗させるのが通常ですが、どちらにしても手の2点で支えるため、力が集中し要介護者は不快であり、痛いということです。その上、高齢者は皮膚が弱くなっているため傷つける可能性があるばかりか、床ずれでもあれば最悪の状況となります。さらに、この移乗時に最終的には要介護者を支えきれず転落させる事故が多いのも事実です（公益財団法人テクノエイド協会調べ）。その点、リフトによる移乗は、移乗時間こそかかるものの、吊り具（スリングシート）で包むためどこかが痛いということはありません。また、人が支えるわけではないので転落を起こすこともありません。

このような誤った介護知識が現在でも横行しているのです。「あんなものは不要だ、大げさだ、非人間的だ」などといわれる介護労働者がいますが、逆に人が人を持ち上げることほど、介護する者・される者両者にとって非人間的なことはないのです。介護は、安全で、安心できるものでなければなりません。
　次に2つ目の視点です。「介護」と「自立」は対立する概念ではありません。どちらかというと、裏表の関係、車の両輪なのです。介護は、自分でできることは自分で行うことが原則だと思います。たとえできなくても、何もかも介護労働者が行ってしまうのは問題です。過剰な介護は、要介護者の残存機能を低下させ、逆に介護状態を悪化させる場合があります。福祉先進国のデンマークには、「高齢者福祉医療の三原則（人生の継続性、自己決定の尊重、残存能力の活用）」というものがあり、「残存能力の活用」は、本人ができることを全部手助けしてしまうのは、残存能力を低下させるため、やってはいけないという考え方なのです。
　したがって、日常生活の中で何かができなくなった場合、その動作をよく捉え、よく考えてみて、できない部分だけを助けることが正しい介護なのです。要介護者によって、できない理由は異なります。要介護者の状態の相違を確認し、何を助ければできるようになるのかを考える必要があります。このときに福祉機器を使えば、要介護者の可能性はさらに広がるのです。状態像に応じた支援をすることが質の高いサービスですから、介護も一人一人に応じて使い分ける必要があるのです。

（2）福祉機器を使いこなせない介護労働者

　前述のとおり、介護に福祉機器は必要不可欠です。道具（福祉機

器）を利用しない介護はあり得ないのです。したがって、福祉機器をいかに選択し、いかに上手く使えるかが重要となってきます。福祉機器は要介護者の身体状況・介護状況・住環境に応じて、選び方や使い方が異なってきます。介護労働者はこれらの状況に応じて、福祉機器の選び方や使い方を習得していなければならないのですが、現在、福祉機器の教育が十分行われている状況ではありません。そのため、福祉機器の特性を十分に発揮できず、場合によっては危険な状況も発生しています（事例：新潟の特別養護老人ホームで、入所していた80歳女性が入浴後に服を着るための専用ベッドから車いすに移る際、支えていた介護労働者が足を滑らせたため、床に滑り落ち意識を無くしたため病院に搬送されたが、約2時間半後に死亡した。2010〔平成22〕年）。

　ただし、これは介護労働者だけが悪いのではなく、単に福祉機器の技術（リスクマネジメントを含む）を習得する機会を与えられなかったからなのです。介護福祉士養成や介護職員初任者研修のテキストには、確かに福祉機器の内容は組み入れられていますが、実際の教育場面では、車いすの使い方ぐらいで、それも身体に適合できる（モジュール）タイプの車いすが教材として無く、古い標準型のもので教育が行われています。さらによくないのは、これを教えなければならない教員が、教えるための技術を持っていない（教育を受けていない）ことです。結果、福祉機器を活用する介護技術が普及しない状況となっているのです。対策としては、これら教員の再教育がありますが、すでに現職の介護労働者には、介護現場での教育が必要です。したがって、適切な福祉機器導入と共に介護労働者の教育はセットであるといえるのです。

（3）福祉機器は単なる道具

　当然のことですが、福祉機器は道具で、それ以上でもそれ以下でもありません。私たちは日常生活の中で多くの道具を上手く利用し、生活を便利にしていることは冒頭に述べました。福祉機器が道具であることを認識できれば、その利点も限界も理解でき、適切なものを選択できるはずなのですが、時々、福祉機器が道具であることが理解されていないケースに出合います。メガネは、福祉機器の代表のようなものです。無ければ生活に支障が出ます。メガネを選択するとき、目の状態（近視・遠視・老眼等）と顔の大きさ、利用目的（スポーツ用、水泳用等）やデザインを考慮して、さらに、専門家（眼鏡店）において、検眼を前提に選択します。近視であれば近視用を選び、遠視であれ遠視用を選び、海に行くときは度付きサングラスを選び、老眼になれば老眼鏡を選びます。

　施設における車いすはどうでしょうか。多くの高齢者施設では、ほぼ2種類の車いすが使われています。身体の大きさや使用目的に関係なく、標準型の車いすかリクライニング型の車いすです。車いすが大きすぎて、また身体機能に合っていないために、「ずっこけ座り」になった状態をよく見ます。最悪なのは、転落を恐れてベルトで固定しているケース（拘束）もあります。しかし、多くがこの状態を不思議と思っていないようです。このような状態になるのは座っている人が原因だからしかたがないと考えているのです。

　道具は、使用状況に合わせて多くの種類の中から選択する必要があることは、誰でもわかっていることです。福祉機器も当然使用状況に合わせて多くの種類の福祉機器から選択されなければなりません。同じ車いすを用意しておいて、要介護者に座りなさいというのは、同じ種類の同じサイズの靴だけ用意しておいて、皆さんこれを

履きましょうというのと同じです。これでは車いすによる移動の自立を確保するどころか、姿勢を崩すことによる弊害（関節の変形や褥瘡の原因等）を招き、結果、車いすで離床した生活ができる方を、寝たきりにしてしまう状況をつくってしまいます。道具は危険率を可能な限り小さくし、利点を最大に上げるように使うことが肝要です。

　福祉機器は単なる道具であり、選択の適切さによって、要介護者の生活の善し悪しを決定してしまいます。それぞれの要介護者の状態像に合わせて、最適な用具を選択することこそが重要なことであるということを是非理解していただきたいのです。

（4）福祉機器が今、果たせること

　2013（平成25）年に改定された「職場における腰痛予防対策指針」（指針の詳細については後述）の冒頭には、「事業者は、労働者の健康を確保する責務を有しており、トップとして腰痛予防対策に取り組む方針を表明した上で、安全衛生担当者の役割、責任及び権限を明確にしつつ、本指針を踏まえ、各事業場の作業の実態に即した対策を講ずる必要がある」と、経営者の責務が明確にされています。また、作業管理には、「腰部に負担のかかる重量物を取り扱う作業、人を抱え上げる作業、不自然な姿勢を伴う作業では、作業の全部又は一部を自動化することが望ましい。それが困難な場合には、負担を減らす台車等の適切な補助機器や道具、介護・看護等においては福祉用具を導入するなどの省力化を行い、労働者の腰部への負担を軽減すること」と、作業の自動化並びに省力化（福祉機器導入）等対策が謳われており、同指針の「別紙：作業態様別の対策（福祉・医療分野等における介護・看護作業）」には、福祉機器を積極的に使

用することとして、「移乗介助、入浴介助及び排泄介助における対象者の抱上げは、労働者の腰部に著しく負担がかかることから、全介助の必要な対象者には、リフト等を積極的に使用することとし、原則として人力による人の抱上げは行わせないこと。また、対象者が座位保持できる場合にはスライディングボード等の使用、立位保持できる場合にはスタンディングマシーン等の使用を含めて検討し、対象者に適した方法で移乗介助を行わせること」と、人力による人の抱上げは行わせないことと具体的な福祉機器名を入れ、福祉機器を積極的に使用する指導内容が記載されています。

　すなわち、これからの施設経営においては、介護労働者の腰痛予防（健康管理）には、福祉機器使用が前提となり、予防対策を講じず腰痛を発生させた場合には、経営者の責任が問われることとなるのです。確かに、本指針は法令ではありませんが、行政指導の基準となるため、労災申請時等はこの指針を前提に指導を受けることになります。したがって、経営者は今後、積極的に福祉機器を導入し、介護労働者の健康管理を進めなければなりません。最悪の場合は、介護労働者からの訴訟もあり得ると認識する必要があるのです（事例：老人保健施設で勤務中に負ったけがで障害が残ったのは、事故で使った車いすについて、修理を依頼したものの施設が対応しなかったのが受傷原因として、横浜市の老人保健施設で勤務していた介護福祉士が、損害賠償訴訟を起こした。2010〔平成22〕年）。

　最後に、福祉機器で腰痛予防を実現させた国の事例をご紹介します。

　日本と同様、オーストラリアやイギリスでも介護や看護職の腰痛は、離職や休職そして社会的問題であるケア提供者の人材不足に拍車をかけることになるため、大きな問題となっていました。そのため、1993年にイギリス看護協会が「人力のみで患者を持ち上げるこ

とを避ける」ことを新しく取り入れ、95年に『ノーリフティングポリシー（持ち上げない方針）』を発表しました。

　オーストラリアでは、1998年にオーストラリア看護連盟ビクトリア支部が、「押さない・引かない・持ち上げない・ねじらない・運ばない」という、介助時には福祉機器などを利用し、人力のみでの移乗介助や移動を制限することを発表しました。それ以降は、州政府も労働安全衛生リスク管理システムを基本とした腰痛予防対策プロジェクトを立ち上げ、協力体制を強化しました。

　その結果、オーストラリアの厚生労働省は、適切にノーリフトプログラムが実施されたことによって、調査した施設では負傷が48％減少し、損傷によって失われるお金は74％減り、労働者の苦情処理にかかるコストも54％削減できたと発表しました。また、追跡調査によりそれらの結果は長期的に持続していることも明らかだと発表しています。

　現在、オーストラリア州政府は年間9.3億円の資金を高齢者介護関連に提供していますが、高齢者介護のためのリフトなどの機器の購入資金へ2億円用意し、公立病院や老人施設へ提供される資金は、ノーリフティングのための用具、講習会、企画など、周期的なサポートに活用するように指導し続けています。

　『ノーリフティングポリシー』をきっかけとして、腰痛予防教育から福祉機器の日常的な安全使用管理に至るまでのシステムを確立したオーストラリアですが、10年以上経った今、ビクトリア州では、病院や施設において患者さんを移動・移乗させる際にはほぼ100％、福祉機器等を使用した介助を行っています。そして結果的には、腰痛有訴率を減らすだけでなく、ケア提供者の労働環境改善、および施設や病院の経営にまで影響を与えることに成功したのです。

　たった10年程度でここまで変わることができたのは、次の5つ

のポイントがあるといわれています。
　①大きな視点で方針運営を行うこと
　②現場でノーリフトプログラムを運用し続けること
　③プログラムは現場にあわせて改善し続けること
　④持続的な政府のサポートと資金を考えること
　⑤一貫性を持ったノーリフトの理念を持ち続けること
　また、これらを実行するためには私たちに何が必要なのかという質問に、1996年よりオーストラリア看護連盟腰痛予防対策に関わったジャネット・サンドリーニ氏は、「情熱（あきらめない心）」「説得力（正確でわかりやすい情報提供）」「同士をもつ」という3つのキーワードを明言しています。

3 これからの福祉機器

　第2章で詳しく述べますが、最近、介護ロボットという言葉をよく聞きます。経済産業省と厚生労働省は、ロボット技術による介護現場への貢献や新産業創出のため、「ロボット技術の介護利用における重点分野」として、次の5分野8項目を策定しています。

　①移乗介助（ロボット技術を用いて介助者のパワーアシストを行う装着型の機器、ロボット技術を用いて介助者による抱え上げ動作のパワーアシストを行う非装着型の機器）

　②移動支援（高齢者等の外出をサポートし、荷物等を安全に運搬できるロボット技術を用いた歩行支援機器、高齢者等の屋内移動や立ち座りをサポートし、特にトイレへの往復やトイレ内での姿勢保持を支援するロボット技術を用いた歩行支援機器）

　③排泄支援（排泄物の処理にロボット技術を用いた設置位置の調整可能なトイレ）

　④認知症の方の見守り（介護施設において使用する、センサーや外部通信機能を備えたロボット技術を用いた機器のプラットフォーム、在宅介護において使用する、転倒検知センサーや外部通信機能を備えたロボット技術を用いた機器のプラットフォーム）

　⑤入浴支援（ロボット技術を用いて浴槽に出入りする際の一連の動作を支援する機器）

　介護ロボットというと、鉄腕アトムのようなヒューマン型のロボットをイメージしてしまいますが（もちろん将来的には、ヒューマン型の介護ロボットもできると思います）、現在の技術では、こ

れまでの福祉機器を自動化したものだと考えた方が正しい認識だと思います。厚生労働省の事業名も「福祉用具・介護ロボット実用化支援事業」として、公益財団法人テクノエイド協会が実用化に向けての支援をしています。

　ただし、これまでの福祉機器とは明らかに異なる分野が介護ロボットに登場しています。1つはロボットスーツHAL®福祉用です。サイバーダイン株式会社が製作し、大和ハウス工業株式会社が総代理店をしています。ロボットスーツは、下肢に障害のある方々や、脚力が弱くなった方々の筋力の代わりとなり、装着者の下肢動作や歩行をアシストするものです。体を動かそうとするときに出る生体電位信号に基づいて動作するので、ロボットスーツは装着者の意思に従って動作をアシストすることが可能なのです。すでに社会福祉法人善光会が運営するサンタフェガーデンヒルズ（特別養護老人ホームフロース東糀谷、障害者支援施設アミークス東糀谷、介護老人保健施設アクア東糀谷他の複合施設）で導入されています。これまで杖・歩行器・車いすを利用していた方が、これを装着すれば歩くことができるのです。歩行障害の概念をパラダイムシフトさせるような非常に画期的なロボット技術といえます。

　もう1つが、ナブテスコ株式会社の可搬型階段昇降機J-MAX、J-SEATです（**図表1-3-1**）。

　可搬型階段昇降機は、エレベータ、段差昇降機等を設置できない階段を、車いす等を積載し昇降できる便利な福祉機器ですが、操作は3時間程度の講習が義務づけられており、高い操作スキルを必要とするものです。しかし、このJ-MAX、J-SEATは、角度センサ、L型昇降フット、セーフティーアームを搭載し、操作を補助してくれます。

　まだ、この商品は半自動としかいえませんが、将来、さらなるロ

【図表1-3-1】可搬型階段昇降機J－MAX

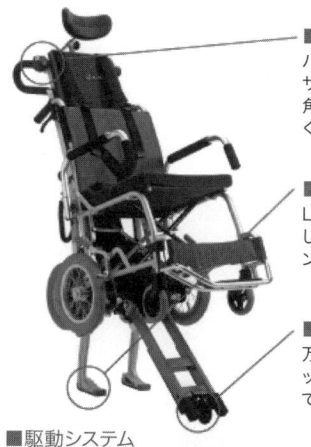

■角度センサ
ハンドルグリップの中に角度センサを内蔵。操作する際の適切な角度を介助者に振動で知らせてくれます。

■L型昇降フット
L型の昇降フットを採用し、安定した昇降を実現。しっかりとバランスを保って操作できます。

■セーフティーアーム
万が一バランスを崩した場合も、しっかりとアームがロック。前方へ転落する心配はなく、安全に昇降する事ができます。

■駆動システム
電子制御の働きで2つの車輪と2本のロボットアームが交互に作動し、人が歩くように階段を昇り降りします。

■セーフティー・ブレーキシステム
階段のヘリでは自動的に安全ブレーキが働き、滑り落ちる心配はありません。

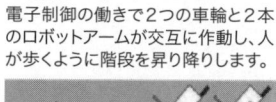

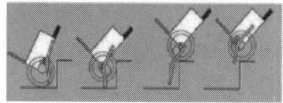

ボット技術が開発できれば操作講習を受けなくても操作できる製品ができるようになるのではないでしょうか。ロボット技術の開発は緒に就いたばかりです。福祉機器による明るい介護の世界は始まったばかりといえるでしょう。

第 2 章

福祉機器を導入すると業務が変わる

1 リフトを導入すると介護人材が定着する

（1）介護施設の福祉機器利用の現状

❶重度化、人員不足による人力優先の介護

　介護保険3施設の入所者の平均要介護度はいずれも上昇しています。特別養護老人ホームの平均要介護度は、介護療養型医療施設と介護老人保健施設の中間に当たり、2000（平成13）年に3.48であったものが、2011（平成23）年には3.89に上昇し、重度化が進行しています（**図表2-1-1**）。一方、特別養護老人ホームは、介護保険制度による介護報酬の増額はなされているものの、利用者の重度化に伴

【図表2-1-1】介護保険3施設の平均要介護度

入所者の平均要介護度については、介護保険3施設いずれも上昇している。

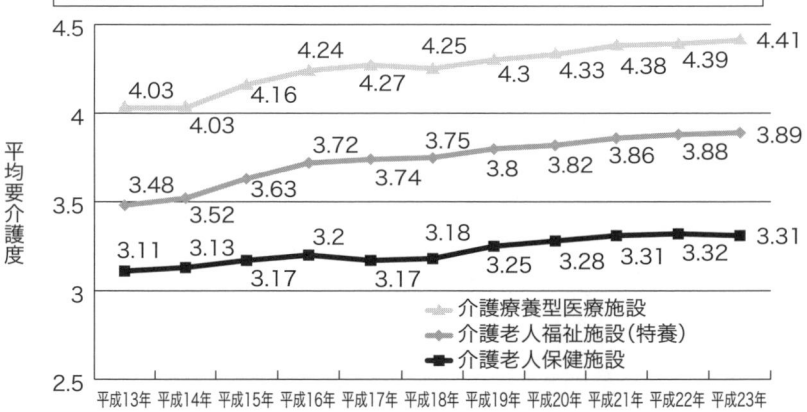

年	介護療養型医療施設	介護老人福祉施設(特養)	介護老人保健施設
平成13年	4.03	3.48	3.11
平成14年	4.03	3.52	3.13
平成15年	4.16	3.63	3.17
平成16年	4.24	3.72	3.2
平成17年	4.27	3.74	3.17
平成18年	4.25	3.75	3.18
平成19年	4.3	3.8	3.25
平成20年	4.33	3.82	3.28
平成21年	4.38	3.86	3.31
平成22年	4.39	3.88	3.32
平成23年	4.41	3.89	3.31

出典： 平成13～14年：厚生労働省「介護給付費実態調査」（各年11月審査分）
　　　平成15～23年：厚生労働省「介護サービス施設・事業所調査」（各年10月1日）

い、毎日の食事、ベッドから車いす等への移乗、入浴、排泄支援等の介護業務が増大しています。

利用者の重度化に伴う介護労働者の人員不足により、介護スタッフは毎日の集団ケアのプログラムに追われ、福祉機器を利用する余裕がなく、人力による介護を優先せざるを得なくなり、腰痛者を多く抱えているのが実態です。

❷福祉機器の利用が低調

特別養護老人ホーム等の介護現場で腰痛予防効果が高いと評価されている福祉機器は、電動ベッド、チルト・リクライニング機能付き車いす、リフトですが、電動ベッドの導入はかなり進んでいるものの、利用者の身体状況に合わせたリフト、高機能の車いす、スライディングシートやスライディングボードなどの福祉機器の導入は、低い水準に留まっています。

介護施設において福祉機器の導入が低調な理由については、「介護職員の腰痛等健康問題に係わる福祉用具利用調査報告書（財団法人テクノエイド協会（2010〔平成20〕年3月）」の管理者の記述式回答によると、福祉機器は価格、収納場所の問題があり、操作に時間がかかること、利用者の安心感、家族の要望などから人手による介護に頼っていること、腰痛予防対策としては、介護技術、腰痛予防の研修を行う必要があること、を指摘しています。一方、職員の記述式回答では、人手不足が最大の問題であり、人力の方が速くできるので無理をしてでも人的介護で終わらせてしまうことを指摘しています。管理者および職員双方に介護する側の視点で、福祉機器を使用するよりも人力による介護を優先する意識が働いているといえます。その結果、職員に対する腰痛などがあるかという問いに対して、69.9％が「現在ある」、15.8％が「過去にあった」と答え、4人

に1人は医療受診している現状が明らかとなっています。

人力優先で福祉機器を活用していない介護施設では、利用者のニーズや身体状況に応じた適切な移乗介助を行うことができず、標準型の車いすに長時間不自然な姿勢で「ずっこけ座り」をしている利用者の姿を見かけます。このような施設では、腰痛があって一人前という風潮を生み、離職率が高くなり、福祉機器を活用した介護技術のノウハウも蓄積されず、介護人材の採用と離職の悪循環を繰り返す結果になっています。

3 ユニットケアの推進

多くの介護施設では、流れ作業的な集団ケアが行われており、利用者の意思、意欲、QOLを重視したケアの視点が抜け落ちています。しかし、2003（平成15）年頃から新型特養による個別ケアを重視したユニットケアが推進されており、利用者の意思、意欲、QOLを重視し、リフト等の福祉機器を活用した個別ケアを行っている施設があります。現在、3割程度まで普及しており、利用者の視点に立てば、今後は、従来の集団ケアから個別ケアへ向かうものと思われます。

個別ケアを行うためには、利用者の意思、意欲を的確に把握する必要があります。しかし、加齢性難聴の高齢者は、本人自身が聴こえなくなって当たり前と思っていることもあり、介護する側も利用者の意思確認をしない安易な介護が、毎日繰り返されているのが現状です。

（2）福祉機器の効果的な活用

1 自立支援の観点を優先した介護

天井走行式リフトを整備したが、時間がかかりすぎる理由で利用

していないという施設がある一方、天井走行式リフトを導入し、積極的に利用してきたため、職員の腰痛での退職や休職をなくすことができたという施設があります。これは、経営者や管理者の意識および福祉機器に対する理解の差によるものです。福祉機器を有効に活用している施設では、福祉用具プランナー（公益財団法人テクノエイド協会が養成する福祉機器の利用方法、正しい選定・適合技術など福祉機器に関する専門知識を有する者）を配置し、個々の利用者の身体状況に応じた高機能の車いす、床走行リフト、天井走行リフト、ベッド固定リフト、個浴リフトなどの福祉機器を整備し、介護を受ける側の利用者の視点から車いすの選定と正しい姿勢保持により、自立を支援する介護を行っています。その結果、利用者も自分に合った車いすで生活意欲が高まると共に行動範囲が広がり、明るい生活を送るようになる一方、介護労働者は、介護業務に対するモチベーションが高まり、腰痛で離職する者もいなくなり、福祉機器を活用した介護のノウハウが蓄積するという好循環が生まれています。

　また、福祉機器の利用については、利用者の自立支援の観点と介護労働者の負担軽減の観点がありますが、介護の基本は、利用者の自立意欲と残存能力とを活用した自立支援の観点を優先すべきでしょう。

❷ 身体状況等に応じた福祉機器の利用

　移乗介助を支援する福祉機器には、ベッド、リフト、車いす、スライディングシート・ボード、杖、歩行器・歩行車、手すりなどさまざまな機器があり、その機能も簡単なものから高機能のものまで多種多様です。また、利用者自らが操作するものと介助者が操作するものがあり、いずれにしても利用者の心身の状況等に応じた機器の選定と適合が重要です。操作方法についても利用者と介護労働者が

十分理解し、適切な取り扱いを行う必要があります。

　ベッドから車いすへの移乗の具体的な事例では、利用者がベッドに端座位ができるのであれば、ひじ掛けを外した車いすを横付けにしてベッドと車いすの高さを調整し、スライディングボードを使って移乗介助をすることができます（**図表2-1-2**）。また、利用者が立ち上がることができる場合は、ベッドに手すりや立ち上がり介助バーを設置することにより、ベッドからひじ掛け着脱式車いすへの自力での移乗ができます（**図表2-1-3**）。また、ベッドで端座位が取れない場合は、リフトを利用することになりますが、利用者の身体の状況により、頭部の支持ができる吊り具の選択や股関節や膝の拘縮の状態などを考慮して適切な吊り具（スリングシート）を選択する必要があります（**図表2-1-4**）。なお、リフトには天井走行式、床走行式、スタンディングリフトなどさまざまなタイプがあるので利用者の身体状況はもちろん、使用環境等を考慮して選定することが重要です。特に、トイレ介助には、スタンディングリフトを利用すると下着の着脱がしやすくなり、排泄介助が容易にできます（**図表2-1-5**）。また、入浴介助には、利用者のプライバシー保護の観点からも個浴リフトを利用した個室浴が望ましいでしょう（**図表2-1-6**）。

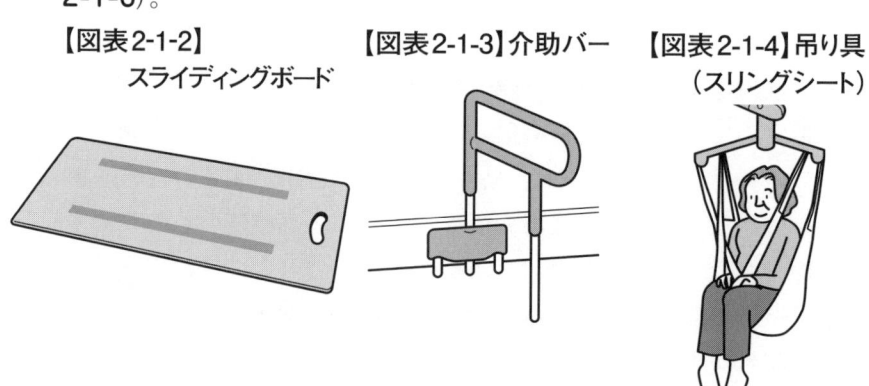

【図表2-1-2】
スライディングボード

【図表2-1-3】介助バー

【図表2-1-4】吊り具
（スリングシート）

【図表2-1-5】スタンディングリスト

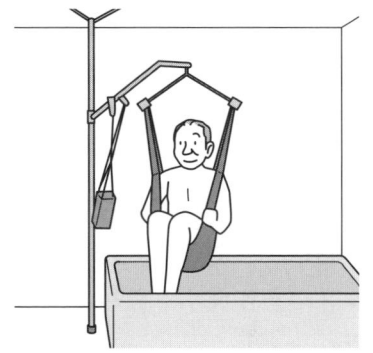

【図表2-1-6】個浴リフト

❸介護負担の軽減

　介護労働者の負担軽減の観点から、特に腰痛予防のためには、排泄介助の際にベッドの高さ調整の上、中腰姿勢を取らないおむつ交換をする必要があります。また、リフトは操作に２、３分ほど時間がかかりますが、その時間は利用者と介護労働者のコミュニケーションに必要な時間です。利用者が安心して身を委ねられるよう吊り具（スリングシート）で優しく包み、吊り上げる際は背中に手を当てて、ゆっくりと話しかけながら介助を行うことが、利用者の安心かつ安全な移乗と介護労働者の腰痛予防にも効果があります（**図表2-1-7**）。人力による移乗介助は、たとえ２人以上であっても利用者側からすれば、落とされるような不安があり、また痛みを伴うようです。一方、介助する側も中腰姿勢をとることとなり、これが連続すれば腰痛発症の恐れがあります。

【図表2-1-7】吊り具装着とコミュニケーション

（3）腰痛予防対策チェックリスト

◨ チェックリスト作成の目的

　介護サービス事業者および従事者が、自らの介護業務の現状をチェックすることにより、腰痛予防に対する意識の啓発、腰痛予防対策の推進を図ることを目的として、2008（平成20）年9月、厚生労働省は、リスクアセスメントモデル実例集・腰痛予防対策チェックリストを作成するための介護腰痛検討会を設置し、検討を行いました。

◩ 腰痛対策チェックリストの内容

　本検討会では、施設および在宅の介護作業のリスクの見積りを行い、腰痛リスク低減の優先度を決定する手法によりチェックリストを作成しました。

　腰痛対策チェックリストを作成するにあたり、特別養護老人ホーム、デイサービスセンターおよびホームヘルプサービスの実地調査による介護作業の洗い出しを行い、施設および在宅で通常行っている介護業務について、1人の介護労働者の始業から終業までの1日の業務量を、タイムスタデイ調査しました。

　特別養護老人ホームの業務量調査により、介護労働者の作業内容および動作・姿勢を観察し、作業行動記録として整理した結果、作業単位は、①着衣時の移乗介助（ベッドから車いす、車いすから便座、ストレッチャーなどの移乗）、②非着衣時の移乗介助（入浴、身洗などに伴う移乗）、③移動介助（歩行介助、車いすでの移乗）などの11パターンに整理されました（**図表2-1-8**）。

　次に、介護作業の腰痛の要因、リスクとなりうる内容を取りまとめました。リスクの見積りは、①作業姿勢、②重量負荷、③頻度・

作業時間、④作業環境の4分類とし、それぞれ「問題あり」「やや問題」「問題なし」などの3段階評価としています（**図表2-1-9**）。

また、それぞれの介護作業の評価の組合せにより、リスクを「高」「中」「低」に設定し、リスク低減対策の優先度を決定できるようにしています（**図表2-1-10**）。

【図表2-1-8】介護作業者の腰痛予防対策チェックリスト

職場名：		記入日： 　年　月　日
氏名：		性別： 男・女　年齢：　　歳
身長：　　cm　体重：　　kg		腰痛の有無：　有・無

【使用方法】
① 該当する介護サービスの□にチェック（v）を入れてください。
② 行っている介助作業の□にチェック（v）を入れてください。該当する介助作業がない場合は、「その他」の項目に作業内容を書き込んで使用してください。
③ 「リスクの見積り」の該当する評価に○を付けてください。「リスク」は、「リスクの見積り」の、それぞれの評価（a、b、c）においてa評価が2個以上で「高」、a評価が1個含まれるか又は全てb評価で「中」、bとcの評価の組合せはすべてc評価で「低」に○を付けてください。
④ 「リスクを低減するための対策例」を参考に対策を検討してください。

①介護サービス：□施設介護／□デイケアサービス／□在宅介護

②介助作業	具体的な作業内容	③リスクの見積り					リスクの要因例	④リスクを低減するための対策例（概要）
		作業姿勢	重量負荷	頻度／作業時間	作業環境	リスク		
□着衣時の移乗介助	ベッド⇔車いす ベッド⇔ポータブルトイレ 車いす⇔便座 車いす⇔椅子 車いす⇔ストレッチャー などの移乗介助	a 不良 b やや不良 c 良	a 大 b 中 c 小	a 頻繁 b 時々 c ほぼなし	a 問題あり b やや問題 c 問題なし	高 中 低	・前屈や中腰姿勢での要介護者の抱え上げ ・要介護者との距離が遠く、不安定な姿勢での移乗など	・リフト、スライディングボード等移乗介助に適した介護機器を導入する。 ・身体の近くで支え、腰の高さより上に持ち上げない。背筋を伸ばしたり、身体を後ろに反らさない。 ・体重の重い要介護者は、複数の者で介護する。 ・中腰や腰をひねった姿勢の作業等は、小休止・休息、他の作業との組合せ等を行う。 ・特定の介護者に作業が集中しないよう配慮するなど。
□非着衣時の移乗介助	要介護者が服を着ていない時の入浴、身洗、洗髪に伴う移乗介助	a 不良 b やや不良 c 良	a 大 b 中 c 小	a 頻繁 b 時々 c ほぼなし	a 問題あり b やや問題 c 問題なし	高 中 低	・介護者が服を握れないことでの不安定な抱え上げ ・前屈や中腰姿勢での移乗 ・手がすべるなどの不意な事故で腰に力を入れる、ひねるなど	・リフト等の介助機器、機械浴のための設備、入浴用ベルトなどの介護器具を整備する。 ・身体の近くで支え、腰の高さより上に持ち上げない。背筋を伸ばしたり、身体を後ろに反らさない。 ・体重の重い要介護者は、複数の者で介護する。 ・中腰や腰をひねった姿勢の作業等では、小休止・休息、他の作業との組合せなどを行う。 ・特定の介護者に作業が集中しないよう配慮するなど。
□移動介助	要介護者を支えながらの歩行介助、車いすでの移動介助	a 不良 b やや不良 c 良	a 大 b 中 c 小	a 長い b やや長い c 短い	a 問題あり b やや問題 c 問題なし	高 中 低	・前屈や中腰姿勢、要介護者を抱えての移動 ・要介護者と介護者との体格の不一致 ・要介護者が倒れそうになることで腰に力を入れる、ひねるなど	・杖、歩行具、介助用ベルト等の介護器具、手すりなどの設備を整備する。 ・体重の重い要介護者は、複数の者で介護する。 ・通路及び各部屋に移動の障害となるような段差を設けないなど。
□食事介助	座位姿勢のとれる要介護者の食事介助、ベッド脇での食事介助	a 不良 b やや不良 c 良	a 大 b 中 c 小	a 長い b やや長い c 短い	a 問題あり b やや問題 c 問題なし	高 中 低	・体をひねったり、バランスの悪い姿勢での介助 ・長い時間に及ぶ同一姿勢など	・椅子に座って要介護者の正面に向く。ベッド上では膝枕の姿勢をとる。 ・同一姿勢を長く続けないなど。

項目	内容	姿勢			頻度			時間/問題			負荷		作業例	改善策
□体位変換	褥瘡などの障害を予防するための体位変換、寝ている位置の修正、ベッドまたは布団から要介護者を起き上がらせる介助	a	不良	a	大	a	頻繁	a	問題あり	高		・前屈や中腰姿勢で要介護者を引いたり、押し上げたり、持ち上げたりする介助など	・ベッドは要介護者の移動が容易で高さ調節が可能なものを整備するとともに活用する。スライディングシートなどの介護機器を導入する。 ・体重の重い要介護者は、複数の者で介護するなど。
		b	やや不良	b	中	b	時々	b	やや問題	中			
		c	良	c	小	c	ほぼなし	c	問題なし	低			
□清拭介助 整容・更衣 介助	要介護者の体を拭く介助、衣服の脱着衣の介助、身だしなみの介助など	a	不良	a	大	a	頻繁	a	問題あり	高		・体をひねったり、バランスの悪い姿勢、前屈や中腰姿勢での介助など	・ベッドは高さ調節が可能なものを整備するとともに活用する。 ・極力要介護者を身体の近くで支える。 ・中腰や腰をひねった姿勢の作業などでは、小休止・休息、他の作業との組合せなどを行うなど。
		b	やや不良	b	中	b	時々	b	やや問題	中			
		c	良	c	小	c	ほぼなし	c	問題なし	低			
□おむつ交換	ベッドや布団上でのおむつ交換	a	不良	a	大	a	頻繁	a	問題あり	高		・前屈や中腰姿勢で要介護者の身体を持ち上げたり、支えたりする介助など	・ベッドは高さ調節が可能なものを整備するとともに活用する。 ・極力要介護者を身体の近くで支える。 ・中腰や腰をひねった姿勢の作業などでは、小休止・休息、他の作業との組合せなどを行うなど。
		b	やや不良	b	中	b	時々	b	やや問題	中			
		c	良	c	小	c	ほぼなし	c	問題なし	低			
□トイレ介助	トイレでの排泄に伴う脱着衣、洗浄、便座への移乗などの介助	a	不良	a	大	a	頻繁	a	問題あり	高		・狭いトイレでの前屈や中腰姿勢で要介護者の身体を持ち上げたり、支えたりする介助など	・介助用ベルト等の介護器具、手すりなどの設備を整備する。 ・極力要介護者を身体の近くで支える。 ・動作に支障がないよう十分な広さを有する作業空間を確保するなど。
		b	やや不良	b	中	b	時々	b	やや問題	中			
		c	良	c	小	c	ほぼなし	c	問題なし	低			
□入浴介助	一般浴、機械浴における服の脱着衣、入浴、身洗、洗髪などの介助	a	不良	a	大	a	頻繁	a	問題あり	高		・無理な姿勢や前屈、中腰姿勢での洗身、洗髪などの介助 ・滑りやすい床で急に腰部に力が入る動作など	・移動式洗身台などの介助機器を導入する。手すり、取っ手、機械浴のための設備の整備をする。 ・浴槽、洗身台、シャワー設備などの配置は、介護者の無用の移動をできるだけ少なくし、シャワーの高さなどは、介護者の身長に適合したものとする。滑りにくい踏み板などを使用する。 ・極力要介護者を身体の近くで支える。 ・体重の重い要介護者は、複数の者で介護するなど。
		b	やや不良	b	中	b	時々	b	やや問題	中			
		c	良	c	小	c	ほぼなし	c	問題なし	低			
□送迎業務	送迎車への移乗、居宅から送迎車までの移動など	a	不良	a	大	a	頻繁	a	問題あり	高		・送迎車への車いすの乗り下ろし ・要介護者を抱きかかえての乗車、移乗など	・体重の重い要介護者は、複数の者で介護するなど。 ・極力要介護者を身体の近くで支える。 ・通路及び各部屋に移動の障害となるような段差などを設けないなど。
		b	やや不良	b	中	b	時々	b	やや問題	中			
		c	良	c	小	c	ほぼなし	c	問題なし	低			
□生活援助	調理、洗濯、掃除、買い物など	a	不良	a	大	a	長い	a	問題あり	高		・前屈や中腰姿勢での作業 ・長い時間に及ぶ同一姿勢など	・腰に負担のかかりにくいモップなどの生活用品を使用する。 ・中腰や腰をひねった姿勢の作業などでは、小休止・休息、他の作業との組合せなどを行うなど。
		b	やや不良	b	中	b	やや長い	b	やや問題	中			
		c	良	c	小	c	短い	c	問題なし	低			
□その他		a b c	不良 やや不良 良	a b c	大 中 小	a b c	頻繁 時々 ほぼなし	a b c	問題あり やや問題 問題なし	高 中 低			

【図表2-1-9】リスクの見積り（作業姿勢の例）

作業姿勢	基準（内容の目安）	評　価
大いに問題がある	・前屈、中腰、坐位姿勢になる作業において、適切な作業姿勢ができていない ・腰をひねった姿勢を長く保つ作業がある ・不安定で無理な姿勢が強いられるなど	a　不良
やや問題がある	・前屈、中腰、坐位姿勢になる作業において、適切な作業姿勢を意識しているが十分に実践できていない。	b　やや不良
ほとんど問題なし	・適切な作業姿勢を実践している	c　良

【図表2-1-10】リスク例

リスク	評価の内容	評　価
高	「a」の評価が2個以上含まれる	腰痛発生リスクは高く優先的にリスク低減対策を実施する
中	「a」の評価が1個含まれる、又は全て「b」評価	腰痛発生のリスクが中程度あり、リスク低減対策を実施する
低	「b」と「c」の評価の組合せ、又は全て「c」評価	腰痛発生のリスクは低いが必要に応じてリスク低減対策を実施する

　それぞれの介助作業でのレベル「a」「b」「c」の組合せによりリスクの程度を見積り、リスク低減対策の優先度を決定します。上の表は、その一例です。

　さらにリスクの見積り（例）および腰痛対策チェックリストは、リスクアセスメントの手法を踏まえてあくまでも参考例として作成されたものです。施設などで職場環境も異なることから必要に応じて参考にしてほしい旨の注意書きがなされています。

❸チェックリストの活用

　本チェックリストは、事業者、管理者および介護労働者が、腰痛予防について日頃から意識するように、理解し、記入しやすく、またできるだけリフトなどの福祉機器を利用するなどの対策例を盛り込み、リスクの要因と照らし合わせることができます。

なお、介護腰痛検討会では、本チェックリストを実際に特別養護老人ホーム等で検証してみたところ、次のような結果が報告されています。
- ・全体的な腰痛リスクの傾向として、ベッドからの移乗、入浴時の移乗、おむつ交換、入浴介助の作業にリスクの「高」が多い。
- ・過去に腰痛を経験した者の方が腰痛リスクの「高」が多い。
- ・女性の方が男性より腰痛リスクの「高」が多い。
- ・在宅介護作業の方が施設介護より腰痛リスクの「高」が少ない。
- ・要介護度が低い者の介護の方が腰痛リスクの「高」が少ない。
- ・移乗介助作業で天井走行式リフトを使用している者は、女性で腰痛経験有りの者でも腰痛リスクは「低」となっている。

　今後、各施設で本チェックリストを活用し、実際に検証することにより今まで見過していた腰痛予防に対する意識を高めるとともに、事業所全体で腰痛予防に取り組む契機となることが期待されます。

（4）腰痛予防対策指針の改訂

■1 腰痛予防対策指針改訂の背景

　2013（平成25）年6月、厚生労働省は19年ぶりに腰痛予防対策指針の改訂を行い公表しました。同省の報告によると、我が国の4日以上の休業を要する腰痛は、2011（平成23）年に約5,000件発生しており、職業性疾病の6割を占める労働災害です。特に、社会福祉施設は、その2割を占め、この10年間で2.7倍に増加しています（**図表2-1-11**）。他の業種では、運輸交通業、小売業での腰痛発生件数が多く、全業種の発生件数は、10年間で1割程度増加しています。同省の腰痛発生状況の分析では、食事、入浴、排泄、おむつ交換等

【図表2-1-11】産業別腰痛発生状況

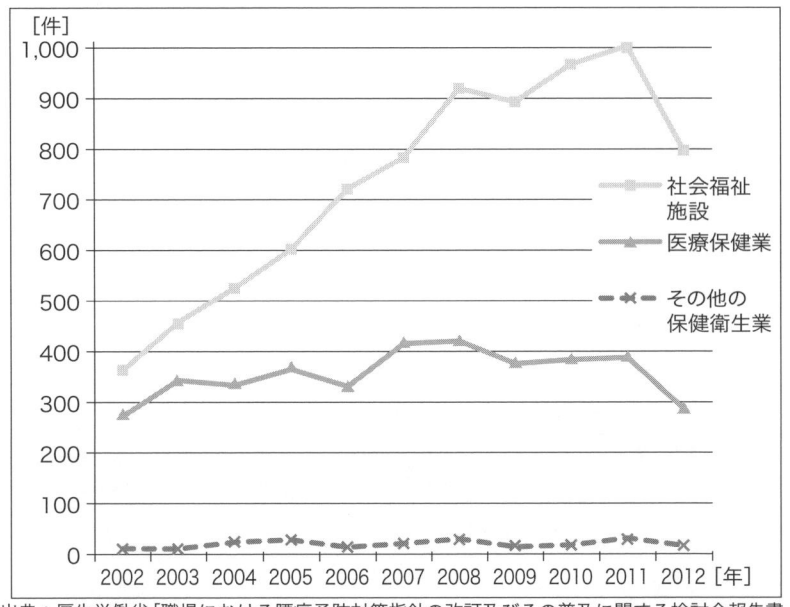

凡例：社会福祉施設／医療保健業／その他の保健衛生業

出典：厚生労働省「職場における腰痛予防対策指針の改訂及びその普及に関する検討会報告書」

の介護の種類別にみると、入浴介助時の移乗作業中に腰痛が最も多く発生しています（**図表2-1-12**）。

また、移乗作業かそれ以外の作業かでみると、移乗作業時の腰痛の発生が70％を占め、介護労働者の単独作業によるベッドから車いすへの移乗による腰痛の発生が一番多くなっています（**図表2-1-13**）。

なお、介護業務に従事する者は、女性が多いことから保健衛生業では腰痛を発症した者の8割が女性であり、しかも20歳代の若い年齢層が一番多くなっています。これらの者が、腰痛のために離職を余儀なくされるのは、個人はもちろん我が国にとっても大きな損失です。このため、腰痛予防対策は、労働者の健康確保のうえで大きな課題となっており、実効ある予防対策が強く求められています。

【図表2-1-12】社会福祉施設の介護の種類別腰痛発生状況

被災場所	単独作業又は共同作業の別	移乗又は移乗以外の別	介護の種類					
			食事 (n=22) (6.4%)	入浴 (n=88) (25.6%)	排せつ (n=49) (14.2%)	おむつ交換 (n=20) (5.8%)	その他(移乗以外) (n=41) (11.9%)	その他(移乗) (n=100) (29.1%)
事業場内 (n=275) [79.9%]	単独 (n=235) 〈85.5%〉	移乗	10	36	18	6		69
		移乗以外	7	14	11	12	28	
	共同 (n=40) 〈14.5%〉	移乗	4	13	5	1		14
		移乗以外	0	1	1	0	1	
	小計 (n=275)〈100.0%〉		21 【7.6%】	64 【23.3%】	35 【12.7%】	19 【6.9%】	29 【10.5%】	83 【30.2%】
事業場外 (n=69) [20.1%]	単独 (n=53) 〈76.8%〉	移乗	1	6	12	0		14
		移乗以外	0	6	1	0	12	
	共同 (n=16) 〈23.2%〉	移乗	0	11	1	0		3
		移乗以外	0	1	0	0	0	
	小計 (n=69)〈100.0%〉		1 【1.4%】	24 【34.8%】	14 【20.3%】	1 【1.4%】	12 【17.4%】	17 【24.6%】

出典:厚生労働省「職場における腰痛予防対策指針の改訂及びその普及に関する検討会報告書」

【図表2-1-13】移乗作業の移乗元、移乗先別腰痛発生状況

		移乗先					
		ベッド	車いす	浴槽	床	トイレ	その他
移乗元	ベッド	5 (単1、共4)	53 (単46、共7)	5 (単2、共3)	0	7 (単7、共0)	3 (単3、共0)
	車いす	44 (単31、共13)	19 (単18、共1)	1 (単1、共0)	2 (単0、共2)	8 (単5、共3)	8 (単8、共0)
	浴槽	3 (単0、共3)	4 (単3、共1)	0	0	0	14 (単10、共4)
	床	1 (単1、共0)	11 (単10、共1)	2 (単0、共2)	1 (単1、共0)	6 (単5、共1)	4 (単4、共0)
	トイレ	2 (単2、共0)	5 (単4、共1)	0	0	0	0
	その他	2 (単0、共2)	9 (単6、共3)	1 (単0、共1)	0	4 (単4、共0)	0
	移乗先別計	57 (25.4%)	101 (45.1%)	9 (4.0%)	3 (1.3%)	25 (11.2%)	29 (12.9%)

出典:厚生労働省「職場における腰痛予防対策指針の改訂及びその普及に関する検討会報告書」

2 腰痛予防対策の現状

　国の腰痛予防対策としては、1970（昭和45）年7月に「重量物取扱作業における腰痛の予防について」、1975（昭和50）年2月に「重症心身障害児施設における腰痛の予防について」が、厚生省労働基準局長通知としてそれぞれ発出されました。1994（平成6）年9月にこの2本の通知を一体の文書として「職場における腰痛予防対策の推進について」により「職場における腰痛対策指針」が公表され、労働衛生対策の基本原則である三管理一教育（作業管理、作業環境管理、健康管理、労働衛生教育）を示し、さらに五作業（重量物取扱作業、重症心身障害児施設等における介護作業、腰部に負担のかかる立ち作業、腰掛・座り作業、長時間の車両運転等の作業）について基本的な対策を示し、推進してきました。その後、2009（平成21）年4月、「介護作業者の腰痛予防対策のチェックリスト」（厚生労働省労働基準局安全衛生部労働衛生課長通知）が公表され、リスクアセスメントの手法を踏まえた介護業務の自己点検を行うことが推奨されましたが、全国の介護関係事業者に徹底するまでには至りませんでした。

3 改訂指針の概要

　厚生労働省は、1994（平成6）年9月の労働基準局長通達による職場における腰痛予防対策指針を全面的に改訂しました。今回の改訂では、介護業務に従事する者の健康を守り、腰痛者を出さないことは、経営者や管理者の責務であることをより明確にしています。介護労働者が腰痛にならないように楽な介護をすることは、介護される側にとっても必要なことであり、介護労働者の健康を守ることは施設側に義務と責任があるとしている北欧の老人施設を見習う必要があります。

指針の主な改訂内容としては、重量物の持ち上げと人の抱上げを区分し、リフト等の福祉機器を積極的に使用することとし、原則として人力による人の抱上げは行わせないことを明記しています。また、リスクアセスメント、労働安全マネジメントシステムの手法を導入するとともに、腰痛になって休業した者の職場復帰を組織的にサポートすることにも言及しています。さらに、重症心身障害児施設や特別養護老人ホームにおける介護作業から、福祉・医療分野における介護・看護作業全般にその適用範囲を拡大しています。改訂指針の主な抜粋は、次のとおりです（**図表2-1-14**）。

【図表2-1-14】職場における腰痛予防対策指針（抜粋）

（はじめに）
- 事業者は労働者の健康を確保する責務を有しており、トップとして腰痛予防対策に取り組む方針を表明した上で、安全衛生担当者の役割、責任及び権限を明確にしつつ、本指針を踏まえ、作業の実態に即した対策を講ずる必要がある。

（作業管理）
- 介護・看護作業においては、福祉用具を導入するなどの省力化を行い、労働者の腰部への負担を軽減すること。

（リスクアセスメント及び労働安全衛生マネジメントシステム）
- 腰痛の発生に関与する要因のリスクアセスメントを実施し、その結果に基づいて適切な予防対策を実施していくという手法を導入することが重要である。
- 職場で腰痛を予防するには、作業管理、作業環境管理、健康管理、労働衛生教育を的確に組み合わせて総合的に推進していくことが求められる。そうした予防対策は、業務の進め方と密接な関係にあることや人材や予算が必要となることから、

事業実施に係る管理と一体となって、職場に労働安全衛生マネジメントシステムを導入することが重要となる。

(福祉・医療分野等における介護・看護作業)
・福祉用具(機器・道具)を積極的に使用すること。
・全介助の必要な対象者には、リフト等を積極的に使用することとし、原則として、人力による人の抱上げは行わせないこと。また、対象者が座位保持できる場合にはスライディングボード等の使用、立位保持できる場合にはスタンディングマシーン等の使用を含めて検討し、対象者に適した方法で移乗介助を行わせること。
・ベッドの高さ調節、スライディングシート等の活用により、前屈やひねり等の姿勢を取らないようにすること。特に、ベッドサイドの介護・看護作業では、労働者が立位で前屈にならない高さまで電動で上がるベッドを使用し、各自で作業高を調整させること。
・福祉用具の使用が困難で、人力で抱上げざるを得ない場合は、対象者の状態及び体重等を考慮し、できるだけ適切な姿勢にて身長差の少ない2名以上で作業すること。労働者の数は、施設の構造、勤務体制、作業内容及び対象者の心身の状況に応じ必要数を確保するとともに、適正に配置し、負担の大きい業務が特定の労働者に集中しないよう十分配慮すること。
・腰痛の発生要因を排除又は低減できるよう、作業標準を策定すること。作業標準は、対象者の状態、職場で活用できる福祉用具の状況、作業人数及び時間等を考慮して、対象者ごとに、かつ、介助の種類ごとに作業標準を策定すること。作業標準は、定期的及び対象者の状態が変わるたびに見直すこと。

- 適宜、休憩時間を設け、ストレッチングや安楽な姿勢がとれるようにすること。また、同一姿勢が連続しないよう、他の作業と組み合わせること。
- 労働者には、腰痛の発生に関連する要因とその回避・低減措置について適切な情報を与え、十分な教育・訓練ができる体制を確立すること。
- 腰痛を有する労働者及び腰痛による休業から職場復帰する労働者に対して、組織的に支援できる協力体制を整えること。
- 職場ごとに課題や現状を考慮した腰痛予防のための指針やマニュアル等を作成すること。
- 事業者は、職場に新たな負担や腰痛が発生していないか確認する体制を整備すること。問題がある場合には、リスクを再評価し、作業標準の見直しを行い、新たな対策の実施又は検討を指示すること。また、腰痛等の発生報告も欠かすことなく行うこと。

（5）リフトリーダー養成研修

■1 養成研修の目的

　介護労働者の身体的負担の軽減や腰痛予防のために、リフトをはじめとする福祉機器の活用が望まれるところですが、介護関係の事業所にリフト等の普及が進んでいないのが現状です。リフト等の福祉機器の普及が進んでいない原因としては、リフト等の利用方法や導入に際してのアセスメント・モニタリング手法やその結果に対するフォローアップ等に関する専門的な知識・技術を学ぶ人材を養成するための指導者の不足が考えられます。

　厚生労働省は、2009（平成21）年度に介護労働者の身体的負担軽

減を図り腰痛を予防し、介護労働者の雇用の安定を図るために介護労働者設備等整備モデル奨励金制度（現在は中小企業労働環境向上助成金制度）を開始しました。

　公益財団法人テクノエイド協会では、厚生労働省のモデル奨励金制度の創設に対応して、2009（平成21）年度よりリフトリーダー養成研修実施要綱を定め、施設等の事業所において指導的役割を担う人材の養成を開始しています。

　本養成研修は、助成金制度を利用する施設等を対象に、リフト等の導入・運用計画の作成・検証の仕方、リフト等を適切に取り扱えるようにするための研修会などにおいて個別指導ができる指導者の養成を目的とするものです。

❷養成研修の内容

　リフトリーダー養成研修は、公益財団法人テクノエイド協会が定める「リフトリーダー養成研修カリキュラム」に準じた内容および時間数の講義を行うのであれば、どこでも実施機関になることができます。

　現在、富山県、大分県の介護実習・普及センターや日本福祉用具・生活支援用具協会、関西シルバーサービス協会等で実施しています。今後、腰痛予防対策を全国展開するために、本研修の実施機関の拡大が望まれるところです。

　リフトリーダー養成研修の内容は、第1日目にリーダーとしての役割と心構え、中小企業労働環境向上助成金制度の概要とポイントおよび「腰痛予防対策チェックリスト」の活用について、腰痛発生状況とその原因、腰痛予防に関連する法令、指針など、腰痛予防対策、労働衛生管理の進め方、機器導入効果の検証方法について、吊り具の種類と特徴、リフトの種類と特徴、介護作業のアセスメント

【図表2-1-15】リフトリーダー養成研修カリキュラム
**　　　　　　　（リフトリーダー養成研修）**

	項目	内容	時間
第1日	リフトリーダーと介護労働者設備等導入奨励金	●リーダーとしての役割と心構え ●各種講習と考え方 ●奨励金制度の概要とポイント ●「腰痛予防対策チェックリスト」の活用	90分
第1日	腰痛の原因と対策	●介護者の腰痛発生状況とその原因 ●腰痛予防に関連する法令、指針など ●腰痛予防対策 ●労働衛生管理の進め方 ●機器導入効果の検証方法	90分
第1日	介護作業とリフト	●吊り具の種類と特徴 ●リフトの種類と特徴 ●介護作業のアセスメント ●次回実技の概要説明	120分
第2日	移乗関連用具指導法	●リフトなどの使い方 ●リフトなどの指導法 ●機種別（選択）実技 ●個別相談	6時間程度

※（注1）第1日と第2日を連続して実施することも可能ですが、原則はアセスメントと福祉用具選定の時間を設けるため、第1日と第2日の間を空けて実施することを推奨

について履修します。第2日目にフトなどの使い方や指導法、機種別に実技指導や個別相談を実施します（**図表2-1-15**）。

　さらに、実施機関の判断により導入するリフトなどの徹底を図るための研修も実施できることとしており、第1日目に施設における介護作業の確認（アセスメント）や特に入浴・排泄場面でのリフトなど福祉機器の有効性について施設での個別研修を実施します。第2日目に福祉機器導入後の専門家の再アセスメントにより、施設の介護環境と介護技術の確認（再アセスメント）と課題整理について、使用徹底のための福祉機器別の実技指導としてリフトなどの使い方チェックと改善指導、福祉機器に関する個別相談と指導を行います（**図表2-1-16**）。

【図表2-1-16】リフトリーダー養成研修カリキュラム
（導入するリフトなどの徹底を図る研修）

	項目	内容	時間
第1日	具体的計画作成のために （施設での個別研修）	●施設における介護作業の確認（アセスメント） ●リフトなど福祉用具の有効性について（特に入浴・排せつ場面で）	3時間程度
第2日	福祉用具導入後の専門家の再アセスメント	●施設の介護環境と介護技術の確認（再アセスメント）と課題整理	90分
	福祉用具別の実技指導 （使用の徹底のため）	●リフトなどの使い方チェックと改善指導	90分
	個別相談・個別指導	●福祉用具に関する個別相談と指導	60分

※（注2）本研修はオプション研修のため、実施は実施機関で判断すること
※（注3）第1日と第2日の間を空けて実施すること

　本養成研修の受講者の条件は、①施設等に所属する職員または事業主で、福祉用具に関心を持ち、リフト等を積極的に導入して職場内の介護労働者に対し腰痛予防対策を積極的に推進しようとする者、②施設等へリフトをはじめとする福祉用具を導入することによって、当該職場内の介護労働者に対し腰痛予防対策を積極的に推進しようとする福祉用具関連事業者、③その他、特に研修受講の有効性があり実施機関が認める者、のうちいずれかの条件を満たした者としています。

　なお、受講者の人数は、受講者の資質向上と実技研修の充実を考慮し、受講人数を30名以下としています。ただし、講師や機材の数並びに会場の広さ等が確保され、30名以上で開催可能と実施機関が判断する場合は、公益財団法人テクノエイド協会と協議のうえ、実施できるものとしています。また、リフトリーダー研修の受講料は、実情に応じて実施機関が設定して差し支えないものとしています。

（6）リフト導入事例

❶介護老人福祉施設 吹上苑（埼玉県）のリフト等の導入事例

- 吹上苑は、埼玉県鴻巣市に所在する介護老人福祉施設（関口敬子施設長）である。1995（平成7）年開設の本館部分は4床13室、2床2室、個室4室の60床（ショートステイ10床含む）の従来型、2004（平成16）年開設の新館部分は48室の全室が個室・ユニット型で総定員は108床である。現在特養の利用者98名の平均要介護度は4.0と重度化している。介護労働者は常勤が47名、非常勤が24名、看護職員は常勤6名、非常勤2名（介護労働者配置は1.6対1）。ゆとりのある配置になっている。

- 福祉機器導入の経緯

  2006（平成18）年10月、関口施設長が公益社団法人日本社会福祉士会の学会シンポジウムで車いすシーティングの講義を受け、その重要性に気づき、施設で活用すべき知識技術であることを認識した。2007（平成19）年度から外部講師を依頼し、毎月、「持ち上げない移乗」や「リフトの活用」、「利用者にフィットした車いすの効果」等の研修会を実施することにより、福祉機器の積極的な活用が始まった。現在では、導入している福祉機器は、高機能の車いすが40台、リフトが28台。2007（平成19）年度までは毎年離職者が平均8名、腰痛による休職者が必ずいたが、2008（平成20）年度以降は離職者が平均5名に減少し、腰痛による休職者はゼロになった。福祉機器の活用は利用者の自立性やQOLの向上だけでなく、利用者、職員双方の安全性の向上、職員の心身の負担軽減等を実現している。

- 施設の理念・運営方針の中で福祉機器利用の方針、目的を明確に位置づけ、事業計画や予算書で具体的な福祉機器の導入計画が設定されている。また、福祉機器の利用全般を把握・調整する部署、担当者を決め、福祉機器に関する専門的知識を有する福祉用具プランナー2名を配置し、福祉用具の管理・運用の仕組みができている。またリフトやモジュール型車いす、ベッドやマット等の福祉用具の利用技術の習得、技術を継承するため定期的な研修会を実施している。さらに職員は福祉用具を活用した介護を実践することでリハビリの知識が増え、介護のレベルが向上している。
- 福祉用具の積極的な活用は、重度の利用者を多く介護できる体制をとりやすいという面で効果がある。また、福祉用具を活用すれば、職員の負担が低減するので、妊娠中の職員や40〜50代の職員が無理なく勤められるようになる。人力による抱上げは、人と密着することを嫌がったり、痛がる利用者がいるが、リフト等を活用することにより、利用者とコミュニケーションをとりながらゆっくり操作を行う方が危険も少なく安全である。家族にはリフト等を利用している様子を映像で紹介し、事前に説明を行うことで理解を得ている。
- 利用者の体に合った車いすやリフト等の福祉機器を活用し、利用者にも職員にもやさしいケアに取り組んでいる。さらに、最期までその人らしい生活支援を目指し、看取り介護にも取り組んでいる。福祉機器の活用と看取り介護は、利用者に安心のある暮らしをもたらしている。

❷介護老人福祉施設 ゆうらく（鳥取県）のリフト等の導入事例

- ゆうらくは、鳥取県西伯郡南部町に所在する2003（平成15）年開設の介護老人福祉施設（小松原孝介施設長）である。定員は100床、完全ユニット型で、介護労働者はすべて常勤の63名（介護労働者配置は1.5対1）の配置になっている。
- 福祉機器導入の経緯
  開設当時、利用者の平均要介護度は4.5で全国平均を大きく上回っていた。利用者、職員双方に負担となっていた介護を山野良夫理事長（当時参事）の責任のもとに強いリーダーシップで主導することにより、福祉機器の積極的な活用が始まった。
- 現在、7名の福祉用具プランナーが9ユニットを分担して担当し、福祉機器の管理・運用を行っている。高機能の車いすが90台、リフト31台その他を導入している。また福祉機器の導入予算、福祉用具プランナー等研修予算は、最優先で予算計上されている。
- 以前は、20代で採用した職員が腰痛等により、30代で退職するのが通常であったが、福祉機器を積極的に活用するようになって定年まで働けるようになった。新卒採用を恒常的に行うことができ人材を確保しやすくなった。
- 福祉機器を適切に利用することにより事故が減少するという考え方のもとで、福祉機器の利用にあたっては、試験制度を導入しており、適切な使用方法をマニュアル、講師を通じて教育し、試験に合格しないと福祉機器の利用はできないようにしている。この試験制度により安心して福祉機器を利用できるようになっている。
- 全室個室ユニットケアの提供により、個別処遇、自立支援の

実践、特に調整機能付きの車いす、リフト等、福祉機器類の積極的活用により、入居者の自立支援、入居者および職員にとって優しい介護を実践している。また、暮らしの場としての施設機能の改善や看取り介護の充実を図っている。看取り介護は90％以上が施設で行われており、暮らしの延長線上に看取り（死）があるという、自然な最期が保障されている。
・ユニットケアの模範施設として毎年、全国から多くの研修者を受け入れている。

2 補聴器の装用援助(聞こえの保障)で利用者とのコミュニケーションが変わる

(1) はじめに

　人間は、視覚や聴覚・触覚・嗅覚などの感覚を統合して、外界の状況を認識し、他者との交流を行っています。これらの感覚のどれが機能しなくなっても、生きていくうえで必要な情報を収集することが難しくなります。特に聴覚に障害が起きた場合、環境音によって自分の存在する場所の状況を把握することができないだけでなく、人と人とのコミュニケーションの基本である音声を正しく把握することが困難になり、社会参加の機会が大きく制限されます。

　聴覚障害は目に見えない障害であるため、一般の人々の理解が得られにくい、といわれています。「音が聞こえない」ことにより、車の走行音や警報器の音に気づくことができず、危険回避が遅れるという生命に直結する問題だけでなく、聞こえに障害が起きると、周囲の何気ない会話などの「耳から日常的に入る情報」が不足し、また音が鮮明に聞こえないために言葉を聞き間違えることが多くなり、伝えられた内容と異なった理解をしてしまうことが多くなっていきます(**図表2-2-1**、**図表2-2-2**)。このことが人間関係の悪化や意欲の低下を招き、さらに難聴者の置かれている状況を深刻にしています。

　「聞こえにくい」ことによって、どのような問題が起きるのかを学び、その対応方法を知ることにより、利用者と介護労働者、そして利用者同士のコミュニケーションの改善を図ることが可能です。施設内でのコミュニケーションの改善は、施設利用者の生活環境の

【図表2-2-1】危険回避が遅れる例

【図表2-2-2】状況を理解できない例

質の向上につながることはもちろん、介護労働者の負担の軽減にも貢献すると考えられます。なにより、聴覚の障害によって、入手できる情報が制限され、集団への参加の機会を失い、他者から「聞こえていれば受けなかった誤解」を受けることは、人間としての尊厳を否定されているのと等しい状況であり、自立的な生活に大きな支障となることから、「聞こえの保障」に対して取り組むことが、施設の運営において大変重要だと考えられます。

（2）聞こえないために起きる誤解の実例

＜事例1＞

　Aさん（70歳）は週3日通っていた施設に「もう行きたくない」と言っています。理由は、昨日昼食を受け取るために配膳台の前に並んだときに、同じく施設に通ってきているBさん（73歳）に、突然後ろから肩をつかまれて怒鳴られたからです。Aさんは知らずに列に割り込んでしまっていて、Bさんに肩をつかまれる前に「並んでいるんだよ」と注意されていました。しかし、Aさんには難聴があり、Bさんが無視されたと思いAさんの肩をつかむまで、注意されていることに気づいていなかったのです。Bさんは「Aさんは普段はもっと小さな声でも聞こえている。俺より若いんだし。列に割り込んだときはわざと聞こえないふりをしていたんだ」と言っています。Aさんは「知らずに割り込んでしまったことは自分が悪いけれど、もっと普通に教えてくれればいいのに、突然肩をつかんで怒鳴るなんて」と言っています。

＜事例2＞

　今日Cさん（83歳）は、通っている施設の人たちと行った戸外活動の際に、「買い物ができないなら家に帰る」と言って、職員を困らせました。今回行った公園は大型商業施設の中にあり、Cさんは以前もそこで日用品の買い物をしたことがありました。今回もCさんは買い物をして施設で待っている職員の人を喜ばせたいと考えたのです。出かける前に、「今回は公園にお花を見に行くので、買い物はできません」と説明があったのですが、Cさんは正確に聞き取れていませんでした。公園に居

る間、ずっと買い物のことを考えていたＣさんは、突然「買い物はだめ」と言われても、理由がわからなかったのです。「事前に言っておいたのに。Ｃさんには認知症があるから覚えていないのかな」と職員は考えています。

<事例３>

　Ｄさん（82歳）は、下半身にしびれが出て入院しました。看護師さんがＤさんの耳元で大きな声で「今はおむつをしていますから触らないでくださいね」と言いました。しかし、その声はＤさんには割れて聞こえるだけで、内容がわかりません。その後、お尻のあたりに違和感があるのでＤさんは手をのばして何があるのか確認しようとしました。戻ってきた看護師さんは「触らないでって言ったでしょ。便に触ってしまって、あちこちについてしまいましたよ。なんで言うことを聞けないのですか？」と怒っています。でもＤさんには、状況が把握できていません。

　細かい状況は異なっていても、上記の事例と似通った場面を目にすることがあります。聞こえにくさだけが行き違いの理由ではないにしても、聞こえていれば結果が異なっていたと考えられることもあります。聴覚の障害によって、なぜ誤解や行き違いが生じるのでしょうか。

（３）高齢者の聞こえとその特徴

　高齢者の難聴で一番割合が高いのは、老人性難聴だといわれています。老人性難聴は「加齢による老化以外に難聴の原因が見当たら

ない、または老化が主たる原因だと思われる難聴*¹」とされており、その特徴は、

①長期間に少しずつ低下するために本人は気づかない場合が多い
②通常左右対称の高周波数の難聴が最初に出現し、次第に中・低周波数帯の難聴が進行する
③同じ程度の聴力でも若年性の難聴と比較して言葉の聞き取りが悪い場合が多い
④個人差が大きい

とされています。また脳梗塞などの血管障害による中枢性難聴は、言葉の聞き取りが特に悪化するとされています。

　「聞こえにくいということは、音が小さく聞こえること」と捉えられがちですが、感音難聴のうち内耳に障害を受けた内耳性難聴の場合は、「小さな音は聞こえないが大きな音は急に大きくなったように感じる」「音がひずんで聞こえる」という特徴があり、「大声で話してあげれば聞き取れる」というような単純な聞こえ方ではありません。また音声を聞き取るためには、音の高さ（周波数）の情報だけでなく、音の時間的変化の情報、知っている言葉との照らし合わせなど、さまざまな情報を素早く統合して処理する必要があるため、「音が聞こえること」と「言葉が聞き取れること」とは同じではないのです。

　難聴の程度は、純音聴力検査という、主に8つの周波数でどれくらいのレベルから音が聞こえ始めるかを調べる聞こえの検査で決定されます。特に会話音域の中心となる3つの周波数、500、1,000、2,000Hzの検査結果の平均値を平均聴力レベル（dB）といい、その人の聴力を言い表すときに用います。若い健聴者の聞こえを調べたデータから基準の聴力レベル（0dB）が定められており、数字が大きいほど、音が大きくないと聞こえない、つまり難聴の度合いが強い

ことを示しています。

　しかしこの平均聴力レベルだけで、聞こえの不自由度が把握できるわけではありません。**図表2-2-3**は多くの感音難聴者で十分に音を大きくして、「ア、イ、ウ」など1文字ずつの言葉で聞き取りを調べた結果です。縦軸が正答率で横軸は平均聴力レベルです。1つの点が1人の測定結果を表しています。傾向としては、聴力が重くなるに従って、言葉の聞き取りも低下しています。

【図表2-2-3】感音難聴における聴力閾値と語音明瞭度の関係

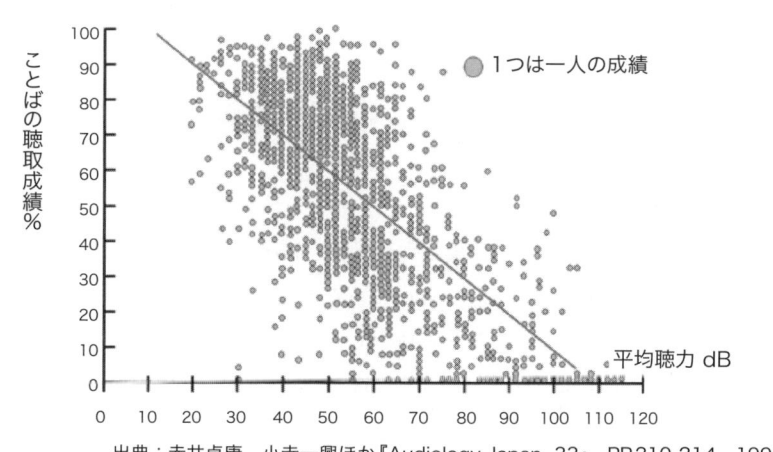

（縦軸：ことばの聴取成績%　横軸：平均聴力 dB　1つは一人の成績）

出典：赤井貞康、小寺一興ほか『Audiology Japan 33』、PP.210-214、1990年

　しかし、ある50dBHLの聴力の人と80dBHLの聴力の人を比べたときに、必ずしも50dBHLの人の聞き取りが良いとは限らないのです。このように聴力が軽く、かつ言葉の聞き取りが良くない人の場合は、音が比較的聞こえていることから、「言葉を聞き間違えるのは本人の意識の問題」「注意力に欠けている」と受け止められて、周囲の人から聞こえに対する配慮を受けられないことが多くなっています。

また、難聴者の多くは、音声情報の一部分だけが聞こえている状態なので、その一部分の音が騒音で消されてしまうと聞き取りが急激に低下します。静かな場所ではなんとか会話ができているので周囲からは聞こえると判断がされていても、騒音が大きい場所では聞き取れなくなることが多く、「さっきまで聞こえていたのだから、今はわざと聞こえないふりをしている」というような誤解を受けやすい状況になっています。

（4）高齢者と補聴器

❶補聴器の装用率について

　加齢に伴う難聴は、身体障害者福祉法の対象となる高度難聴まで進行することは少ない[*2]ため、高齢期難聴者の数は正確には把握されていません。1993（平成5）～1995（平成7）年の厚生労働省長寿科学研究班の報告[*3]によると、75～79歳で中耳炎などの耳疾患のない高齢者の平均聴力レベルの平均値は約30dBHLであり、85～89歳の平均聴力レベルの平均値は40dBHLでした。1997年に楢村が老人保健施設入所中の高齢者591人の聴力を調べた結果[*4]では、75～79歳の聴力レベルの平均値は36.5dBHL、85～89歳の平均値は43.3dBHLとなっています。難聴の程度によってどのような不自由があるかは、年齢、生活環境、職業などによってさまざまですが、平均聴力レベルと聞こえの状況についての概要は次のようになります（**図表2-2-4**）。

【図表2-2-4】平均聴力レベルと聞こえの状況

平均聴力レベル (dBHL)	聞こえの状況
26〜40	対面や大きめの声の対話は不自由ないが、小さな声や広い部屋で不明瞭な話し方は聞きにくい。必要なときに補聴器を使用する方法が検討される
41〜55	普通の話し声が聞きにくく、会話を理解できないまま相づちをうつことが時々ある。補聴器の常用を勧められる場合が多い
56〜70	比較的大きな話し声でも聞きにくく、後方での会話に気づかない。補聴器装用が必須とされる場合が多い
71〜90	大声か補聴器を装用したときに聞こえる。重要な内容はメモの併用が必要になる
91〜	補聴器を装用してもかなり聞こえない。読話や筆談の併用が必要になる

　また、楢村の調査では、"入所者との対面調査時に「現在の聞こえはいかがですか」という質問に対しては「あまり困っていません」「年齢相当の聞こえと思う」と答える者が多かったが、項目別にさらに詳しく質問すると、「他人が聞き取れる音量でテレビやラジオを聞き取れない」との答えがあるなど、聞こえに問題を感じている人の割合は45.1％であった"、とされており、聞こえに不自由を感じる場面があっても、必ずしもそのことを難聴とは結びつけていないことが推測されます。

　また、飯干らの老人保健施設での調査結果[*5]では、"入所者の57％に難聴があったが、接している介護労働者の側では難聴があることに気づいている人の割合は17％にすぎなかった"、とされています。一般に施設入所者以外の在宅者が補聴器販売店を訪れる場合は、本人よりも家族が「やりとりに不自由を感じる」、または「テレビの音が大きく迷惑」だと感じて、本人を販売店に連れてくる場合が多いのに対して、施設入所者の場合には、利用者に難聴があることに介護担当者が気づいている割合が少ない、という逆の傾向になっています。

2012（平成24）年度に、一般社団法人日本補聴器工業会が主体となって約1万5,000人の自己評価法による難聴の程度と補聴器の使用状況を調べたJapanTrak（ジャパントラック）2012の結果[*6]によると、自分が難聴またはおそらく難聴だと思っている人の割合は65～74歳の人で18.0％、75歳以上では43.7％となっています。

　このように高齢者では、具体的な場面で聞こえに問題が多いとされているのですが、1994（平成6）年の老人クラブ会員での調査[*7]では補聴器使用率が23.4％であったのに対し、1995（平成7）年に老人ホームで調べた結果は5.9％、老人保健施設では2.4％[*1]、1997（平成9）年の楢村の調査では、同じく老人保健施設で7.1％となっており、高齢者の補聴器使用率は低く、特に施設での利用率が大変低い結果となっています。補聴器の効果が期待される軽中度の難聴者が多いと想像されるにもかかわらず、高齢者の補聴器使用率が低い理由は、老人性難聴の場合、補聴器を装用しても言葉がひずんで聞こえるなどの症状は残るため、補聴器の効果が期待した結果とはならないことが挙げられます。しかし「車いすさえあれば肢体障害者の不自由さがすべて解決されるわけではない」のと同様で、補聴器で問題のすべてを解消することはできませんが、利用者が音を聞き、会話をすることができる状況を作ることは基本的な環境整備として重要です。

　補聴器装用率の低さには、欧米と異なり軽中度の難聴者に対しては公的支援がほとんどないという日本の事情が影響していることも指摘されています。このように個人の金銭的負担が大きいことに加えて、補聴器のイメージが良くないこと、などが考えられますが、それ以外に「施設が補聴器装用に対して協力的でない」「施設で紛失すると困るので持って来ないでほしいと言われた」という家族からの声も聞かれます。施設の忙しい業務の中で、補聴器の装用支援

にまで手がまわらない現状だと思われますが、「日常生活において正確に意味を理解できないことから生じる人間関係の食い違いは、難聴患者のコミュニケーション意欲を低下させ、ひいては精神機能の孤立を引き起こす大きな問題である」「難聴が軽度のうちから補聴器を利用することは個人の社会的能力を高く維持するために有効であり、要介護者の生活の質を向上させ、全体的には要介護の軽症化に貢献することができる」[*2]とされていることを踏まえて、施設の運営に関わる方たちに、ぜひ補聴器装用の支援に取り組んでいただきたいと考えます。

❷介護施設における実践について

1998（平成10）年に社団法人（現一般社団法人）日本耳鼻咽喉科学会が中心となり、介護の場で使用できる補聴器の検討が行われました。要介護者のうち「大きな話し声はわかるが小さな話し声は聞き取れない」中程度難聴とみなせる25名に介護用補聴器を試してもらったところ、補聴効果の有効性は「有効」と「やや有効」をあわせて88％となり、介護労働者からみた補聴効果の有効性は94％[*7]でした。ここで使用された介護用補聴器は、さまざまな難聴の症状に合わせて医療機関や補聴器販売店で調整を行う一般の補聴器と異なり、加齢に伴う難聴用に開発され、スイッチ類が大きく、音の設定は音量調整のみを行えばよいように作られていて、主に介護担当者が要介護者の反応をみながら使っていく補聴器です。現在介護保険の対象にはなっていませんが、一般の補聴器と比較して価格が低いため、施設においても購入しやすくなっています（**図表2-2-5**）。

日常生活動作が自立して行われている人の場合には、動作の邪魔にならない一般の補聴器を使用することが多くなっています。装用していても目立たない小型の器種があるなど個人の好みに合わせる

【図表2-2-5】介護用補聴器の例

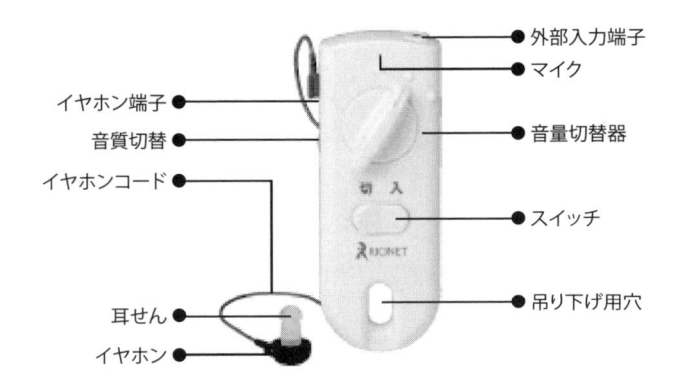

- 外部入力端子
- マイク
- イヤホン端子
- 音質切替
- 音量切替器
- イヤホンコード
- スイッチ
- 耳せん
- 吊り下げ用穴
- イヤホン

ことが可能ですが、価格は器種によってさまざまです。

（5）高齢期難聴者とのコミュニケーションにおける配慮

　一口に高齢期難聴者といっても、聴覚以外は健康な人、他の障害を持つ人や重度の認知症の人など利用者の状況はさまざまだと思われます。ここでは聴覚以外に大きな障害がない人を対象として、その対応について説明をします。

■1 本人が望む（得意な）コミュニケーション手段を理解する

　通じ合えるコミュニケーションのためには、相手が望むコミュニケーション手段を理解する必要があります。高齢期の難聴者の中には老人性難聴者だけでなく、その他の疾患による難聴者や先天的に高・重度の難聴者もいます。筆談や手話など視覚的な情報を提示されるほうが理解しやすい人と苦手な人がいます。また発話は得意か書くことはどうか、などもやりとりのなかで把握します。

❷筆談を行う場合の留意点

1）相手に適切な手段かどうか確認しながら行う

　書いてほしいと言い出せない人もいますので、こちらが筆談を行う姿勢を持つことは必要だと思います。しかし、なかには、自分は音声でやりとりをしたいのに、通じないと扱われたように感じて嫌がる人もいますし、小さな字はよく見えないために、筆談を負担に感じる高齢者もいます。少し書き出してみて、相手の好む方法とあっているか、様子をみる必要があります。中途失聴者の中には、「自分は以前聞こえていたために、健聴者のように発声できるので、聞こえていると誤解されやすい。聞こえない、と説明してもなかなか書いてもらえず、大声を出せば聞こえると思われて困る」という人もいます。したがって、相手が必要とする手段を把握する必要があります。

2）数字など聞き間違えやすい単語は書いて確認する

　普段は筆談が不要な人でも、数字などは聞き間違えやすいので、会話の最後に、確認のためにメモを書いて渡すのも1つの方法です。その場合は「相手のために書いてあげている」という態度ではなく、「お互いの確認のために書く」という姿勢が必要です。きれいでなくてもいいので読みやすい字で書くようにします。またできるだけ長い文章ではなく、文を短めに区切ります。伝わっているかは表情などで確認をします。「わかりましたか？」と何回も訊くことは、相手にとって負担になることがあるので避けるようにします。

3）曖昧な表現は避ける

　曖昧なニュアンスは伝わりにくいので、筆談のときはできるだけ避けます。「行かないことはない」というような二重否定の文章は

避けたほうがよいと思われます。もちろん筆談に慣れていて、細かい言い回しも含めて文章のニュアンスを大事にしている人に対して書くときには、二重否定のような文章を書くこともあり得ると思いますが、それ以外は、「行かないことはない」という表現よりも「行く」と書いたほうが誤解を生じにくくなります。そして、疑問文にはクエスチョンマークを付けると、質問しているということが理解されやすくなります。

4) 主語を省略しない
　日常会話をしているときには、主語を省きがちですが、筆談では「誰が」をはっきりさせる必要があります。また、日本語では「私はあなたが好き」「私をあなたは好き」というように、助詞を変えることで主語の位置を逆転することが可能ですが、筆談する場合はできるだけ主語が文頭にくるように書いたほうが理解しやすい文になります。

5) ひらがなが多いほうがよい場合と漢字から意味を把握する場合の両方が考えられる
　平易な言葉を使用するのがよいのですが、ひらがなが多いほうが理解しやすい人と、漢字から意味を把握する人がいるので、相手によって使い分けます。

❸ 話しかけ方の工夫
1) 顔の表情や口元が見えるように気を付ける、表情が見える位置から不自然でない程度に、少し大きめの声で、ゆっくり、はっきり話す
　言葉を聞き取る際に、表情や口形などの視覚情報は重要です。耳

元で話してしまうと相手からは顔の表情などが見えなくなり、視覚的な情報を使うことができる人であっても、それが得られなくなってしまいます。裸耳では耳元で話さないといけないほど声が聞こえにくい場合は、補聴器の使用を検討していただきたいと思います。互いの位置を調整できる場合には、顔を見ようとしたときに逆光になって顔が見づらいような位置を避けます。

　また、高齢期難聴者の多くは、小さな音は聞こえないが、大きな音は響いてよけい聞き取りづらい、という聞こえの特徴を持っているために、大きな声はかえって聞きづらくなることがあります。「顔の表情がみえる距離で、少し大きめの声で不自然でない程度にはっきり」話すようにします。早口では聞き取りにくくなるので、少しゆっくり話すほうがよい場合が多いのですが、あまりゆっくり話してしまうと、文の抑揚が崩れて内容が把握しづらくなります。また大声を出そうとすると、怒ったような言い方になりがちですし、話し方がゆっくり過ぎると相手の能力を低く評価しているような印象を与えることがあるので注意が必要です。

　話し始めるときは、軽く合図をして相手の意識をこちらに向けます。肩を叩いて知らせる方法をとる場合もあるようですが、あまり親しくない間柄では身体に触れられることを好まない人もいますし、難聴者は背後から来た人の気配を音で感じることができず、突然背後から肩を叩かれると驚いてしまい、それが怒りにつながってしまうこともありますので、相手の視界の範囲に入って気づいてもらうという方法がよいと思われます。

2）話題のテーマがわかるように配慮をする

　難聴になると相手の声がひずんで聞こえる場合が多いため、「はっきりしない音の情報」と「自分の知っている単語」を照らし合

わせて推測して言葉を聞き取ることが必要になってきます。したがって、話題のテーマがわかるような話しかけ方が必要です。たとえば「何が食べたいですか？」と質問されるよりも、「お昼ごはんは何が食べたいですか？」というように話題のテーマを呈示して訊いたほうが相手は理解しやすくなります。

3）同時に複数の人が話さないように注意する。

　集団生活の中ではなかなか難しいことなのですが、同時に複数の人が話さないように配慮をします。最初は意識していても、時間が経ってくると健聴者同士のスピードで話しをしてしまいがちです。たとえば、家族が来ている場合に、本人を除いて家族と介護労働者が話しをしてしまう、ということが起きやすくなります。誰かが話している間は他の人は話さないように注意し、また話しの中心は利用者であることをいつも意識しながら会話を進めていく必要があります。

4）伝わらなかったときは言い回しを変える

　聞き取りにくい単語は何度言われてもはっきり聞こえない場合が多いので、少し言い回しを変えてみます。伝わっているどうかは、関係する内容を質問して確認をします。その場合も相手に「チェックされている」と感じさせないような配慮が必要です。

4 聞き取りやすい環境の整備

　騒音のある場所、反響のある場所は、難聴者にとって、聞き取りにくく、とても苦手な場所です。食堂などの広いフロアは、多くの人の声やいすやテーブルを動かす音などが響いていて、補聴器を装用していないと会話が聞き取りづらいのですが、装用していると大きな音が響いて外してしまいたくなる環境です。難聴の子どもが通

【図表2-2-6】教室の騒音を減らす工夫

う学校では、いすや机の脚に古いテニスボールをつけることで教室の騒音を減らすなどの取り組みを行っている所もあります（**図表2-2-6**）。また、部屋の中にカーテンやクッションなど柔らかい素材を使用することで、反響が減る場合もあります。

　反響や騒音の対策を行うことで、介護労働者が大きな声を出す必要が減り、介護労働者の負担が軽減します。また、利用者にとっては、「大きな声で言われて怒られている印象」が減少すると思われます。

（6）補聴器の種類と特徴

　補聴器の型には、大きく分けると「耳あな型」「耳かけ型」「ポケット型」があります。耳あな型には、型ができあがっている「既製」のものと、耳の型を採って形状を作成する「オーダーメイド」があります。耳かけ型には、補聴器本体から耳の入り口までチューブで音を届ける一般的な耳かけ型と補聴器本体からワイヤーで耳の入り口まで音を届けるRIC（アール・アイ・シー、またはリックと呼ばれる）などのタイプがあります。耳あな型以外は、本体は既製品で、先端のイヤチップ（耳せん）のサイズを何種類かの中から選択すること

【図表2-2-7】補聴器の種類

耳あな型		耳かけ型		ポケット型
既製	オーダーメイド	一般的な耳かけ型	RIC	

や、本体からイヤチップまでの「チューブ」、または「ワイヤー」の長さを装用する人に合わせることで耳の形状や大きさに合わせます（図表2-2-7）。

　イヤチップには、既製品以外に型をとって作成するイヤモールドがあります。イヤモールドには、さまざまな形状があり、装用する人の聴力や耳の形状、補聴器の型や強さによって、選択されます（図表2-2-8）。

　以前は、補聴器が設定できる音の強さの範囲が限られていたため、装用する人の聴力レベルによって、選択できる補聴器が限られていました。

【図表2-2-8】イヤモールドの例

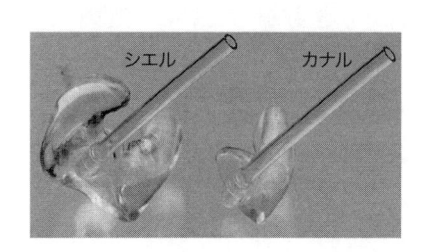

【図表2-2-9】耳かけ型補聴器用既製イヤチップの例

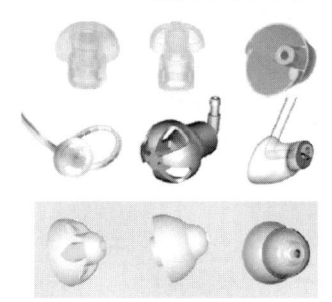

しかし、最近は１台の補聴器で設定できる音の強さの範囲が広くなり、またイヤチップやイヤホンなどのパーツを交換することによって、１台の補聴器がさまざまな聴力に対応できるようになっています（**図表2-2-9**）。そのため補聴器の型を、聴力レベルだけでなく、使用場所や目的、装用する人の好み（目立たないものが良い、など）、装用者がどのような操作が可能なのかなどにより選択することが多くなりました。

１ 耳あな型補聴器

耳あな型には、型ができあがっている「既製」のものと、耳の型を採って形状を作成する「オーダーメイド」とがあります（**図表2-2-10**）。既製品は主に先端のイヤチップをいくつかのサイズから選択し、装用者に合わせますが、型を採って耳に合わせるオーダーメイドと異なり、耳から外れて紛失してしまう場合があり、補聴器としては販売数が減少しています。対面販売ではない通信販売の補聴器や医療機器ではない集音器などに、この既製の耳あな型が多くなっています。

【図表2-2-10】耳あな型補聴器（既製）の例

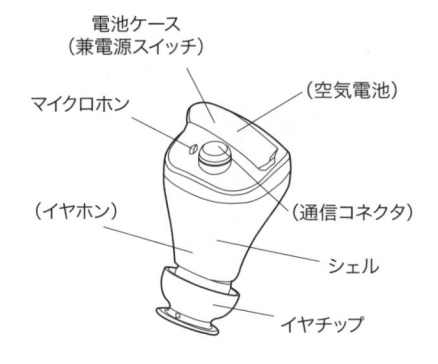

- 電池ケース（兼電源スイッチ）
- マイクロホン
- （空気電池）
- （イヤホン）
- （通信コネクタ）
- シェル
- イヤチップ

【図表2-2-11】耳あな型補聴器（オーダーメイド）の例

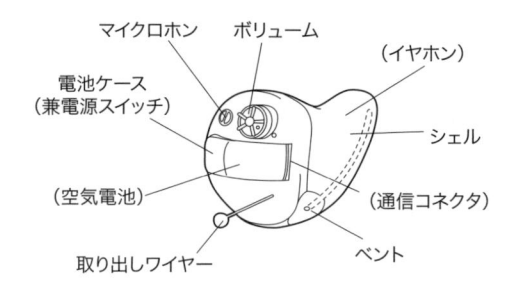

（図中ラベル）
- マイクロホン
- ボリューム
- （イヤホン）
- 電池ケース（兼電源スイッチ）
- シェル
- （空気電池）
- （通信コネクタ）
- 取り出しワイヤー
- ベント

「オーダーメイド」は型を採って補聴器の外側を作成し、耳に合わせる補聴器です（**図表2-2-11**）。通常耳の型を採ってから、1～2週間で作成され、型が合わない場合は、型を修正する、または再作成する、などの方法が行われます。

❷耳かけ型補聴器

最近の耳かけ型は、さまざまな大きさ、色、形状の特長を持った器種が販売されています。代表的なものは、補聴器本体から耳の入り口までチューブで音を届ける一般的な耳かけ型と、補聴器本体からワイヤーで耳の入り口まで音を届けるRIC（アール・アイ・シー、またはリックと呼ばれる）のタイプです。一般的な耳かけ型の場合には、レシーバ（補聴器のスピーカーにあたる部分）などの電気部品がすべて本体に入っているのに対し、RICでは、レシーバが補聴器本体から出ているために本体の小型化が可能になっています。RICでは、レシーバは本体からワイヤーでつながっていてイヤチップやイヤモールドの中に入るようになっています。

❸ポケット型

ポケット型は、携帯用ラジオのような形状で、装用者が本体を手

【図表2-2-12】ポケット型補聴器の例

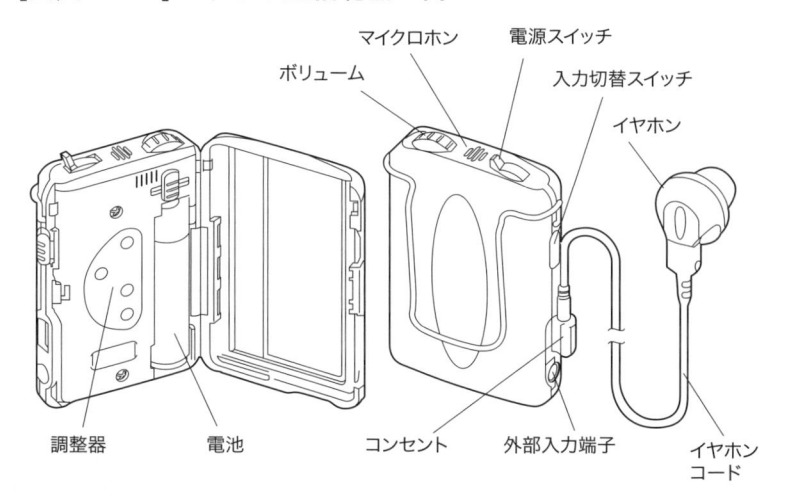

（図中ラベル：ボリューム、マイクロホン、電源スイッチ、入力切替スイッチ、イヤホン、調整器、電池、コンセント、外部入力端子、イヤホンコード）

に持ってマイクロホンを話し手の口元に近づけることが可能なため、周囲の騒音が大きい場所では有効です。また、本体が大きくスイッチ類を操作しやすいこと、乾電池を使用している器種が多く経済的であることが利点です（**図表2-2-12**）。

　本体を手に持つ、または首にかける必要があり、コードが身体を動かすときに邪魔になる、衣ずれの音が入るなどの理由であまり使われなくなっていましたが、最近は小型化され、イヤホン部にマイクロホンがあるものも販売されるようになり、見直されています。テレビを観るときなどの限られた使用の場合や、ベッドに寝ていることが多い人の場合、必要なときに介護労働者が装着を援助して使用する方法もあります。介護用補聴器は、このポケット型を基に介護の場で使いやすいように開発されたものです。

(7) 補聴器の扱い方

❶ 補聴器の装着の確認

　補聴器が正しい位置に装着されていないと、音がよく聞こえないだけでなく、漏れた音を補聴器のマイクロホンが再度拾うことでハウリング（ピーピーと音が鳴る）という状態を起こします。ハウリングしている状態では電池の消耗が早くなり、周囲の人に「うるさい」と敬遠される原因となります。自分の耳はそのまま見ることはできませんし、鏡に写すと逆になってわかりづらいため、手の感覚で正しく装着できているかを確認することになりますが、手指を思うように動かせない高齢者の場合、難しい作業となります。したがって、介護労働者が装着を確認することが補聴器の装用を継続するうえでとても大切です。正しい位置に装着できていれば、落として紛失する危険性も大きく減少します。

【図表2-2-13】耳あな型補聴器の形状がうまく合っているかを確認

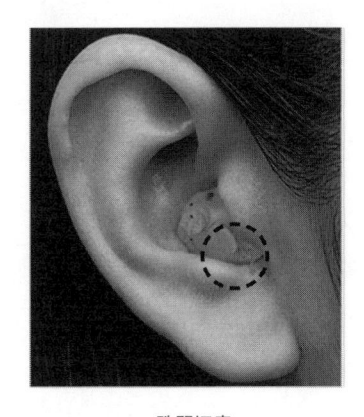

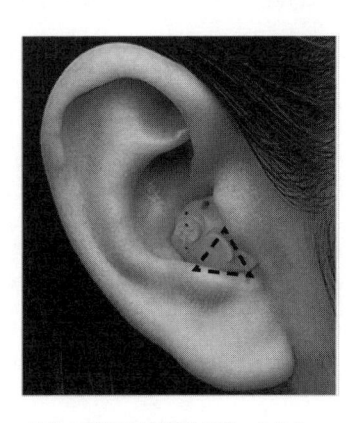

珠間切痕　　　　　　　　　　　　　三角の部分に補聴器がぴったり入っている

オーダーメイドの耳あな型の場合、正しい位置は形状によって異なりますが、多くの場合、珠間切痕（じゅかんせっこん）と呼ばれる耳たぶの上の三角の部分と補聴器の形状がうまく合っているかを確認します（**図表2-2-13**）。

耳かけ型の場合は、補聴器本体からイヤチップまたはイヤモールドまでの間にある部品がきちんと耳に掛かっているかを確認します（**図表2-2-14**）。

【図表2-2-14】耳かけ型補聴器の装用を確認

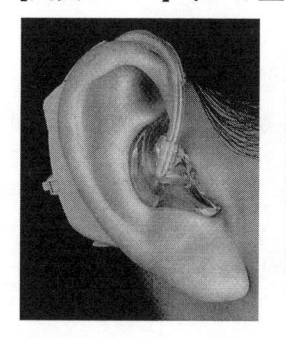

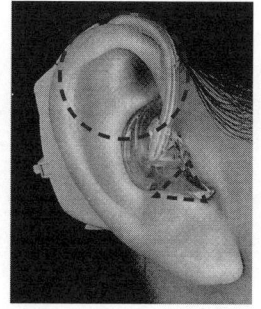

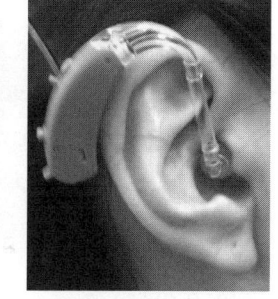

正しい装着例　　　　　　　　　　　外れかかっている例

また、耳かけ型補聴器にイヤモールドがついている場合は、耳あな型補聴器の位置の確認と同様、三角の部分にイヤモールドがきちんと入っているかを確認します。耳あな型補聴器やイヤモールドなどが小型の場合は、取り外しがしやすいようにワイヤーが付けられている場合があります。その場合は、このワイヤーを持ってゆっくり引っ張り補聴器を取り外します（**図表2-2-15**）。

【図表2-2-15】取り出しワイヤーの例

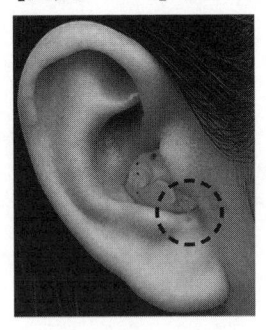

2 スイッチの確認

「補聴器の音が出ない」と言われたら、まずスイッチが入っているかを確認します。事前に取扱説明書を本人や家族にみせてもらうか、スイッチの入切の方法を確認しておくことがよいと思われます。電池ケース（電池が入っているところ）がスイッチを兼ねている器種と、スイッチが別にある器種があります（**図表2-2-16**）。

【図表2-2-16】スイッチの確認

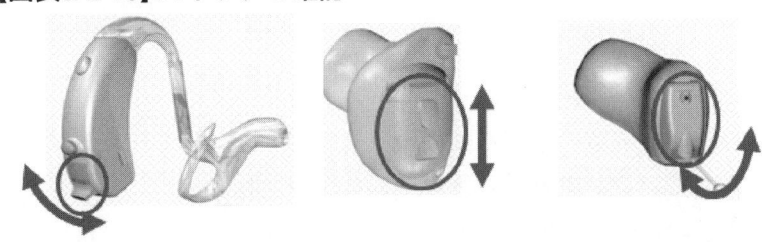

3 補聴器の電池の確認

次に補聴器から音が出ない理由として考えられるのは、電池切れです。補聴器は小さな電池で大きな音を出すために、こまめな電池交換が必要です。補聴器の器種やその設定値などによって異なるの

で一概には言えませんが、小さな電池を使用する器種では、3日から5日程度で交換が必要な場合もあります。多くの耳かけ型は、1〜2週間位で交換が必要です。また、補聴器に主に使用する空気電池は、乾燥と二酸化炭素に弱いので、冬場は消耗が早くなる場合があります。最近の補聴器は、電池がなくなる前に、音声で知らせるものや、ブザーで知らせる器種もありますが、そうでない場合は、音が聞こえなくなる、またはブーというような異音が出たら、まず電池を交換してみます。使用する電池のサイズや交換方法は器種によって異なるので、スイッチの確認同様、事前に取扱説明書を家族にみせてもらうか、音が出なくなった場合の対処法を確認しておくことがよいと思われます。一例を挙げると**図表2-2-17**のようになります。電池はプラス（＋極）とマイナス（−極）の確認をしてから補聴器本体に入れます。

　電池を入れる前にシールをはがします。シールをはがすと放電が始まるので、使わなくても消耗します。シールが貼ってあった側がプラス側です。表面に空気を取り入れる小さい穴が見えます。穴の数は電池によって異なります。シールが貼っていない、山のある側がマイナス側です。

　電池のプラス・マイナスを確認して、補聴器の器種によって決め

【図表2-2-17】空気電池

空気電池
（プラス側）

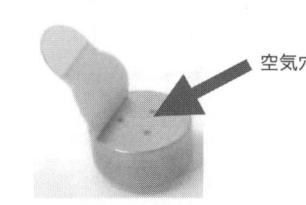

空気電池プラス側
（シールをはがす途中）

空気穴

空気電池
（マイナス側）

【図表2-2-18】電池の挿入例

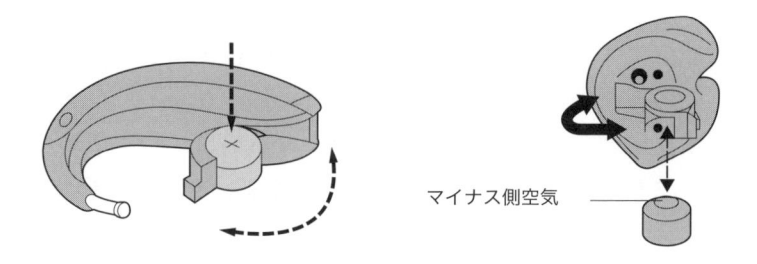

マイナス側空気

られた方法で電池を入れます。一例を挙げると**図表2-2-18**のようになります。

4 補聴器のトラブルへの対応

補聴器を使用している際に、考えられるトラブルとその原因、対応方法を**図表2-2-19**にまとめました。補聴器販売店で点検してもらうのが良いのですが、簡単な対応は知っておくと、早く「音が聞こえる状態」に戻すことが可能になります。

【図表2-2-19】考えられる症状とその原因・対策

症状	主な原因	対応
音が出ない	①電池切れ ②電池の逆入れ ③音の通り道の目詰まり ④故障	①新しい電池に交換 ②プラスマイナスを正しく入れる ③そうじ／修理(依頼) ④修理(依頼)
音が小さい	①電池の消耗 ②音の通り道の目詰まり ③故障	①新しい電池に交換 ②そうじ／修理(依頼) ③修理(依頼)
変な音がする	①電池の消耗 ②接触不良	①新しい電池に交換 ②修理(依頼)
ピーピー音が止まらない	①音もれ、(耳せん、イヤモールド、チューブ) ②ボリウムの位置ずれ	①装着位置を確認／修理依頼 ②正しい位置に戻す
電池カバーが閉まらない	①電池の逆入れ ②電池室に異物 ③故障	①プラスマイナスを正しく入れる ②点検／修理(依頼) ③修理(依頼)

（8）補聴器装用維持のためのサポート

❶聞こえるようになった音に意識を向ける

　補聴器の装用を維持するためには、装着や機器の管理の補助が必要ですが、それ以外に装用者が「聞こえていると楽しい」と思える環境が必要です。本人が話しをできる場や交流の場を設けて、その中で「聞こえる自信」を持つことができるよう、コミュニケーションの支援を行うことが大切です。具体的には、装用前には聞こえていなかった音に反応したと思える場合は「あの音が聞こえたのですね。以前よりよく聞こえていますね」というように、「聞こえている音」に意識を向けてもらうようにします。

❷「補聴器の音がうるさい」という訴えに対する対応

　「うるさい」という訴えには、必ずしも補聴器の音が大きすぎてうるさいのではなく、「何の音だかはっきりわからない音が聞こえる」「苦手な人の声が聞こえる」など、本人から理解できない、または、「うまくコミュニケーションが取れていない」「注意ばかりされる」というように「聞こえると煩わしい」という意味を持っている場合があります。補聴器の音が大きくてうるさがっているのかどうかは、周囲で物がぶつかる音など、大きな音がしたときの反応をよくみて、そのような物音に反応しているのか、それとも特定の場所や特定の人が話しをしているときなのか、などを確認します。大きい音でうるさいと反応している場合は、補聴器の調整によって解決できるか、本人または家族と相談し、購入した販売店などに調整を依頼してもらったほうが良い場合があります。「苦手な人の声をうるさく感じる」場合は、補聴器の音を下げてしまうとほかの音も聞こえづらくなってしまうので、注意が必要です。「何の音なのか」「な

ぜ音がしているのか」などがわからないためにうるさく感じている場合は、何の音なのか説明を行う、可能なら誤解を解く、という対応になります。

（9）補聴器の装用相談、購入する際の注意点

　介護に関わる人たちには、補聴器の装用相談や購入する際の注意点についても知っておいていただきたいと思います。

　難聴は疾患であり、補聴器は医療機器です。初めて補聴器を購入する際は、まず治療によって聞こえを改善できないか、聴力はどの程度か、などを詳しく調べるために耳鼻科専門医を受診することが望ましいとされています。一般社団法人日本耳鼻咽喉科学会が認定する「補聴器相談医」を受診すれば、耳の病気についてだけでなく補聴器についても相談することが可能です。また聴力が高度、重度であった場合は、身体障害者福祉法の等級に該当すると、所定の手続きの後、補聴器の交付が受けられる場合があります。該当する可能性があるかどうかは、医師に尋ねてみるのが良いと思われます（**図表2-2-20**）。

【図表2-2-20】身体障害者福祉法による等級

2級	両耳の聴力レベルがそれぞれ100デシベル以上のもの（両耳全ろう）
3級	両耳の聴力レベルが90デシベル以上のもの（耳介に接しなければ大声語を理解し得ないもの）
4級	1．両耳の聴力レベルが80デシベル以上のもの（耳介に接しなければ大声語を理解し得ないもの） 2．両耳による普通話声の最良の語音明瞭度が50％以下のもの
6級	1．両耳の聴力レベルが70デシベル以上のもの（40センチメートル以上の距離で発生された会話語を理解し得ないもの） 2．一側耳の聴力レベルが90デシベル以上、他側耳の聴力レベルが50デシベル以上のもの

補聴器を購入する場合は、認定補聴器専門店、または、認定補聴器技能者の在籍する店舗など、補聴器に関して詳しい店舗で相談する、または施設に来てもらうなどして、補聴器を試聴して、実際に聞こえ方を確認してから購入するようにします。認定補聴器技能者は公益財団法人テクノエイド協会の定めた課程を修了し試験に合格し認定された人たちです。認定補聴器専門店は、認定補聴器技能者が在籍し補聴器店に必要な設備を持っていることを同協会が認定した店舗です。無線呼出し装置など、補聴器以外にも、聞こえにくさを補うための機器があるので、使用目的を伝えて相談するのが良いと思われます。

　聴力や聞こえの症状は人によって異なるので、本来は聴力検査の結果に基づいて個別に補聴器を合わせる必要があるのですが、聴力検査を行うことが難しい場合は、介護補聴器の様な大きな音を出さないように作られている補聴器で介護労働者が反応をみながら使っていく方法になります。聞こえに合わせていない集音器などを用いると音が大きすぎて耳を痛めることもあるので、注意が必要です。

(10) 聞こえの保障は人間の尊厳の保障

　利用者と介護担当者との適切なコミュニケーションは、日常生活動作の確保だけでなく、利用者の心理的孤立を防ぎ、意欲を向上させるために重要です。聞こえにくい状況を放置することは、コミュニケーションの弊害となる要因を取り除かないことになります。

　自分が存在する環境の状況を知り、自分の考えを発信できることは、個人の尊厳を高く維持するために必要な条件です。ぜひ施設全体で「利用者の聞こえの保障」に取り組んでいただきたいと思います。

3 介護ロボットを活用すると入所者のQOLやADLの向上が図れる

（1）はじめに

1 背景

急速な高齢化の進展に伴い、要介護者や認知症高齢者の増加、核家族化の進行や介護する家族の高齢化など、要介護者を支えてきた家族をめぐる状況も変化しています（**図表2-3-1**、**図表2-3-2**、**図表2-3-3**）。

【図表2-3-1】要介護者の推移

要介護（要支援）の認定者数は、平成25年4月現在564万人で、この13年間で約2.59倍に。このうち軽度の認定者数の増が大きい。また、近年、増加のペースが再び拡大。

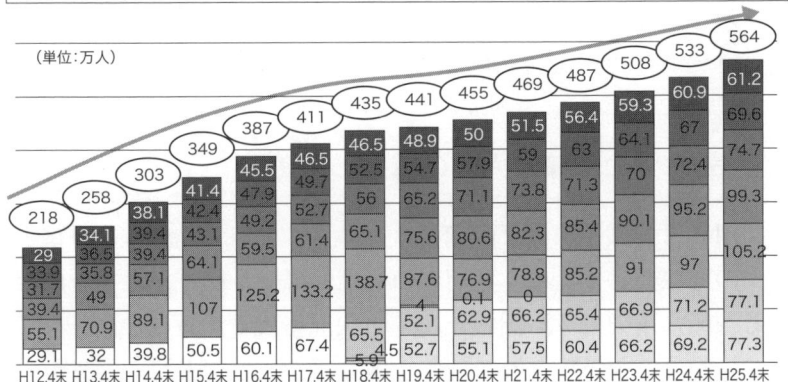

（単位：万人）

	H12.4末	H13.4末	H14.4末	H15.4末	H16.4末	H17.4末	H18.4末	H19.4末	H20.4末	H21.4末	H22.4末	H23.4末（注1）	H24.4末（注2）	H25.4末
合計	218	258	303	349	387	411	435	441	455	469	487	508	533	564

凡例：■要支援　■要支援1　■要支援2　■経過的　■要介護1　■要介護2　■要介護3　■要介護4　■要介護5

（出典：介護保険事業状況報告）

注1）陸前高田市、大槌町、女川町、桑折町、広野町、楢葉町、富岡町、川内村、大熊町、双葉町、浪江町は含まれていない。
注2）楢葉町、富岡町、大熊町は含まれていない。

出典：厚生労働省

【図表2-3-2】今後の介護保険をとりまく状況について

①65歳以上の高齢者数は、2025年には3,658万人となり、2042年にはピークを迎える予測(3,878万人)。
また、75歳以上高齢者の全人口に占める割合は増加していき、2055年には、25%を超える見込み。

	2012年8月	2015年	2025年	2055年
65歳以上高齢者人口（割合）	3,058万人(24.0%)	3,395万人(26.8%)	3,658万人(30.3%)	3,626万人(39.4%)
75歳以上高齢者人口（割合）	1,511万人(11.8%)	1,646万人(13.0%)	2,179万人(18.1%)	2,401万人(26.1%)

②65歳以上高齢者のうち、「認知症高齢者の日常生活自立度」Ⅱ以上の高齢者が増加していく。

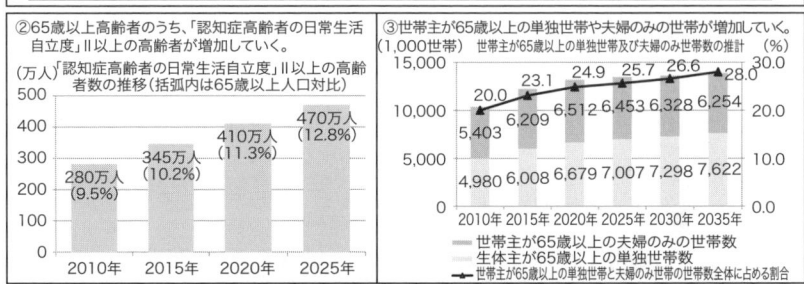

「認知症高齢者の日常生活自立度」Ⅱ以上の高齢者数の推移（括弧内は65歳以上人口対比）
- 2010年: 280万人(9.5%)
- 2015年: 345万人(10.2%)
- 2020年: 410万人(11.3%)
- 2025年: 470万人(12.8%)

③世帯主が65歳以上の単独世帯や夫婦のみの世帯が増加していく。
（1,000世帯）世帯主が65歳以上の単独世帯及び夫婦のみ世帯の推計

年	夫婦のみ世帯数	単独世帯数	割合(%)
2010年	5,403	4,980	20.0
2015年	6,209	6,008	23.1
2020年	6,512	6,679	24.9
2025年	6,453	7,007	25.7
2030年	6,328	7,298	26.6
2035年	6,254	7,622	28.0

④75歳以上人口は、都市部では急速に増加し、もともと高齢者人口の多い地方でも緩やかに増加する。各地域の高齢化の状況は異なるため、各地域の特性に応じた対応が必要。

	埼玉県	千葉県	神奈川県	大阪府	愛知県	東京都	〜	鹿児島県	島根県	山形県	全国
2010年 〈 〉は割合	58.9万人 (8.2%)	56.3万人 (9.1%)	79.4万人 (8.8%)	84.3万人 (9.5%)	66.0万人 (8.9%)	123.4万人 (9.4%)	〜	25.4万人 (14.9%)	11.9万人 (16.6%)	18.1万人 (15.5%)	1419.4万人 (11.1%)
2025年 〈 〉は割合 （ ）は倍率	117.7万人 (16.8%) (2.00倍)	108.2万人 (18.1%) (1.92倍)	148.5万人 (16.5%) (1.87倍)	152.8万人 (18.2%) (1.81倍)	116.6万人 (15.9%) (1.77倍)	197.7万人 (15.0%) (1.60倍)	〜	29.5万人 (19.4%) (1.16倍)	13.7万人 (22.1%) (1.15倍)	20.7万人 (20.6%) (1.15倍)	2178.6万人 (18.1%) (1.54倍)

出典：厚生労働省

【図表2-3-3】一人暮らし高齢者数の推移と将来推計

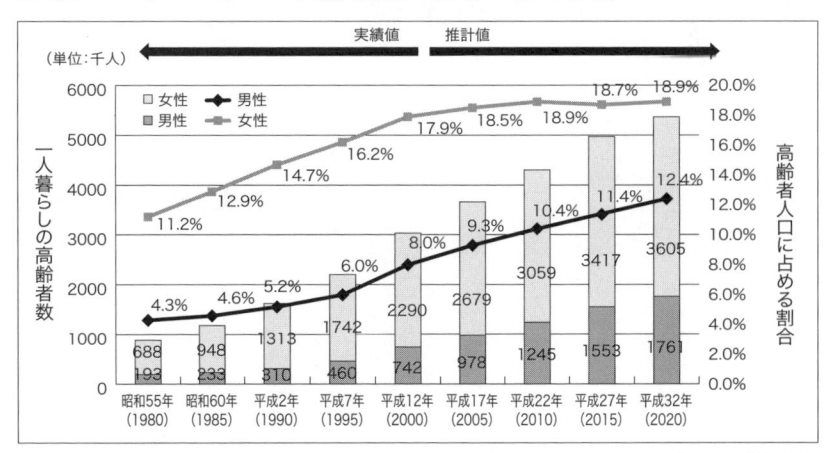

（単位：千人）

年	男性	女性	男性割合	女性割合
昭和55年(1980)	193	688	4.3%	11.2%
昭和60年(1985)	233	948	4.6%	12.9%
平成2年(1990)	310	1313	5.2%	14.7%
平成7年(1995)	460	1742	6.0%	16.2%
平成12年(2000)	742	2290	8.0%	17.9%
平成17年(2005)	978	2679	9.3%	18.5%
平成22年(2010)	1245	3059	10.4%	18.9%
平成27年(2015)	1553	3417	11.4%	18.7%
平成32年(2020)	1761	3605	12.4%	18.9%

出典：厚生労働省

医療・介護施設においては、職員の腰痛問題が指摘され、2013（平成25）年6月には19年ぶりに「職場の腰痛予防対策指針」が改訂されるなど、特に介護労働者の健康を守り、介護人材の確保・定着を図ることが喫緊の課題となっています。

　このような中で、2013（平成25）年6月に閣議決定された日本再興戦略では、介護ロボット産業の活性化が盛り込まれ、高齢者や障害者の自立を支援し、介護労働者の負担軽減を図ることができる実用性の高い介護ロボットの開発を加速化させる「ロボット介護機器開発5ヵ年計画」を開始するとされました。

　世界に誇る我が国のロボット技術を次世代の福祉機器として有効に活用することは、高齢者・障害者の自立支援や介護労働者の負担軽減に大きく寄与するものです。

　高齢化の波は、欧米を始め近隣アジア地域においても急速に進展しています（**図表2-3-4**）。

【図表2-3-4】世界の高齢化の推移

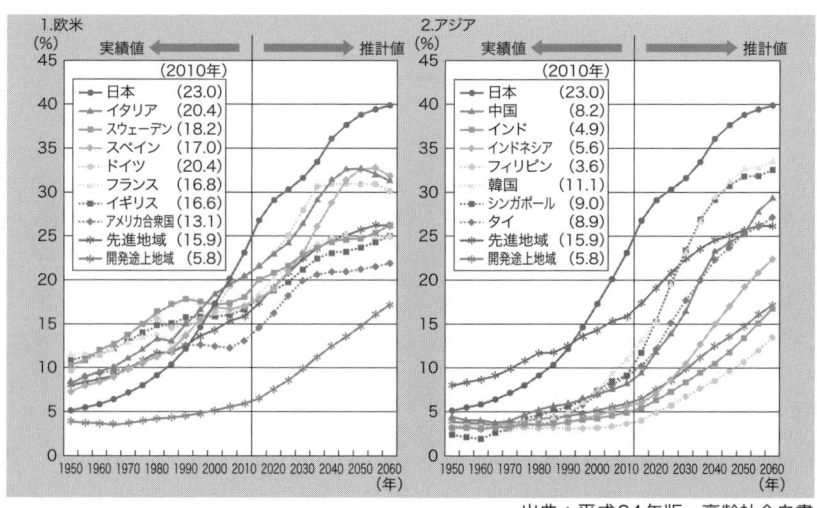

出典：平成24年版　高齢社会白書

こうした背景のもと、2013（平成25）年度から厚生労働省と経済産業省、公益財団法人テクノエイド協会、産業技術総合研究所が連携して、介護ロボットの開発や実用化に向けたさまざまな事業を展開しています。本節では、こうした施策の動向、介護現場の実態、直面する課題、さらには課題解決に向けた最新の取り組みについて紹介します。

　参考に、内閣府が行った「介護ロボットに関する世論調査」の結果を以下に示します（**図表2-3-5**）。

【図表2-3-5】介護ロボットに関する世論調査結果概要
（2013〔平成25〕年9月12日内閣府公表）

①利用の意向

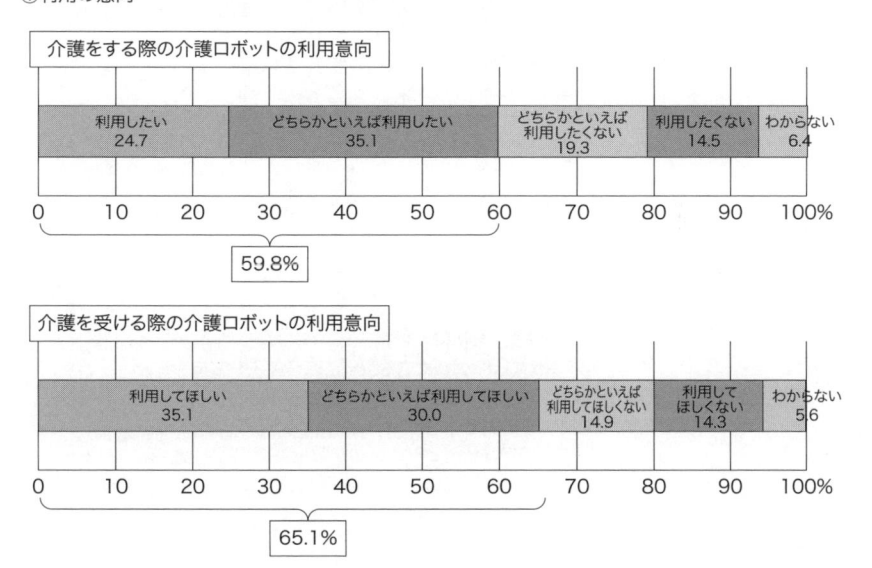

介護をする際の介護ロボットの利用意向

| 利用したい 24.7 | どちらかといえば利用したい 35.1 | どちらかといえば利用したくない 19.3 | 利用したくない 14.5 | わからない 6.4 |

合計：59.8%

介護を受ける際の介護ロボットの利用意向

| 利用してほしい 35.1 | どちらかといえば利用してほしい 30.0 | どちらかといえば利用してほしくない 14.9 | 利用してほしくない 14.3 | わからない 5.6 |

合計：65.1%

出典：内閣府

②介護で苦労したこと

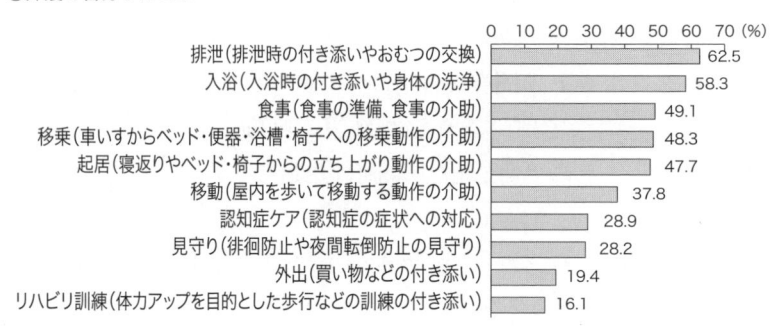

0 10 20 30 40 50 60 70 (%)

- 排泄(排泄時の付き添いやおむつの交換) 62.5
- 入浴(入浴時の付き添いや身体の洗浄) 58.3
- 食事(食事の準備、食事の介助) 49.1
- 移乗(車いすからベッド・便器・浴槽・椅子への移乗動作の介助) 48.3
- 起居(寝返りやベッド・椅子からの立ち上がり動作の介助) 47.7
- 移動(屋内を歩いて移動する動作の介助) 37.8
- 認知症ケア(認知症の症状への対応) 28.9
- 見守り(徘徊防止や夜間転倒防止の見守り) 28.2
- 外出(買い物などの付き添い) 19.4
- リハビリ訓練(体力アップを目的とした歩行などの訓練の付き添い) 16.1

③介護ロボットへの期待

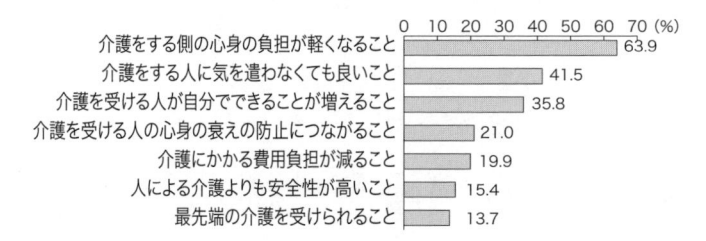

0 10 20 30 40 50 60 70 (%)

- 介護をする側の心身の負担が軽くなること 63.9
- 介護をする人に気を遣わなくても良いこと 41.5
- 介護を受ける人が自分でできることが増えること 35.8
- 介護を受ける人の心身の衰えの防止につながること 21.0
- 介護にかかる費用負担が減ること 19.9
- 人による介護よりも安全性が高いこと 15.4
- 最先端の介護を受けられること 13.7

④介護ロボットを選ぶ際の重視する点

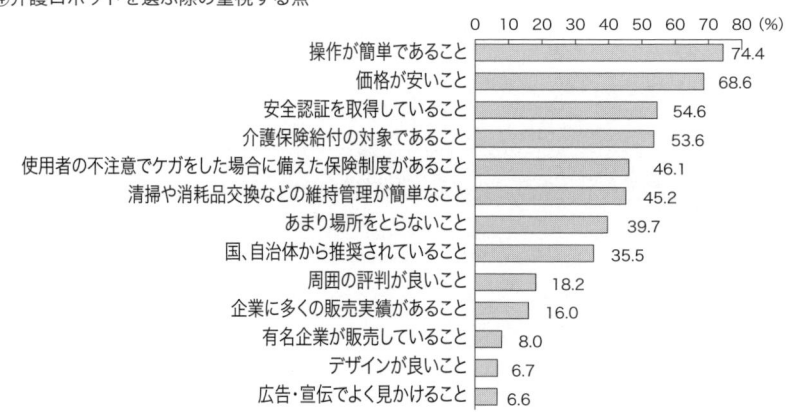

0 10 20 30 40 50 60 70 80 (%)

- 操作が簡単であること 74.4
- 価格が安いこと 68.6
- 安全認証を取得していること 54.6
- 介護保険給付の対象であること 53.6
- 使用者の不注意でケガをした場合に備えた保険制度があること 46.1
- 清掃や消耗品交換などの維持管理が簡単なこと 45.2
- あまり場所をとらないこと 39.7
- 国、自治体から推奨されていること 35.5
- 周囲の評判が良いこと 18.2
- 企業に多くの販売実績があること 16.0
- 有名企業が販売していること 8.0
- デザインが良いこと 6.7
- 広告・宣伝でよく見かけること 6.6

出典:内閣府

2 介護ロボットの定義

　介護ロボットについて、現状では法律上の定義があるわけではありません。厚生労働省が2011（平成23）年11月から行っている「福祉用具・介護ロボット実用化支援事業」では、下記のように定義されています。

　以下の3要件のすべてを満たすもの
①目的要件（以下のいずれかの要件を満たす機器であること）
・心身の機能が低下した高齢者の日常生活上の便宜を図る機器
・高齢者の機能訓練あるいは機能低下予防のための機器
・高齢者の介護負担の軽減のための機器
②技術要件（以下のいずれかの要件を満たす機器であること）
・ロボット技術※を適用して、従来の機器ではできなかった優位性を発揮する機器
・技術革新やメーカー等の製品開発努力等により、新たに開発されるもので、従来の機器では実現できなかった機能を有する機器
・経済産業省が行う「ロボット介護機器開発・導入促進事業」において採択された機器

※①力センサーやビジョンセンサー等により外界や自己の状況を認識し、②これによって得られた情報を解析し、③その結果に応じた動作を行う

③マーケット要件
・現時点では需要が顕在化していなくても、潜在的な需要が見込まれる機器
・本事業によるモニター終了後、概ね1～2年以内に、商品化を計画している機器

　つまり、福祉機器のうちロボット技術を適用した機器を介護ロボットとしています。

介護ロボットには、実に多様な種類、役割を持つ機器が含まれていますが、その一例をタイプ分けすると、**図表2-3-6**のように整理することができます。

【図表2-3-6】生活支援ロボット実用化プロジェクト等による開発事例

区分	カテゴリー	概要	人との接触の度合い	主要事例
A	義肢・装具	利用者が上肢や下肢に装着することで、運動機能を補助するもの	極めて高い（身体に密着し、ともに駆動）	○HAL（サイバーダイン） ○自立歩行アシスト（トヨタ自動車） ○歩行アシスト（本田技研工業） ○マッスルスーツ（東京理科大学） ○筋電義手（電気通信大学）…
B	リハビリ支援	利用者のリハビリを支援あるいは高度化するもの	極めて高い（身体に密着し、ともに駆動）	○HAL（サイバーダイン） ○WPAL（アスカ） ○上肢リハビリ支援ロボット（アクティブリンク） ○手指○上肢リハビリ支援ロボット（丸富精工） ○歩行練習アシスト（トヨタ自動車） ○バランス練習アシスト（トヨタ自動車）…
C	移動・移乗支援	利用者の移動行動（車いすでの移動や、ベッド・車いす間の移乗など）を支援するもの	高い（身体に一部密着するが、ともに駆動はしない）	○移動支援：ロボテックベッド（パナソニック） ○移動支援：RODEM（テムザック） ○移動支援：車椅子ロボット（アイシン精機） ○移動支援：盲導犬ロボット（日本精工） ○移乗支援：移乗ケアアシスト（トヨタ） ○移乗支援：ユリナ（日本ロジックマシン） ○移乗支援：「RIBA（リーバ）」（理化学研究所、東海ゴム） ○移乗支援：トランスファーロボット（パナソニック）…
D	日常生活支援	利用者の日常生活行動（排泄、食事、入浴、物体操作など）を支援するもの	高い（身体との接触や、身体の近傍での駆動あり）	○排泄支援：トイレアシスト（産総研、TOTO、川田工業） ○排泄支援：尿吸引ロボット「Humany（ヒューマニー）」（ユニ・チャーム） ○排泄支援：自動排泄処理装置「マインレット夢」（エヌウィック） ○排泄支援：エバケアー（テクニカル電子） ○食事支援：マイスプーン（セコム） ○食事支援：「MARo（マーロ）」（岐阜大学） ○入浴支援：「hirb（ハーブ）」（三洋電機） ○物体操作支援：RAPUDA（産総研） ○物体操作支援：上肢機能支援ロボット（セコム）…
E	コミュニケーション	利用者と言語あるいは非言語でのコミュニケーションをとることで、メンタルケアや見守りに活用するもの	低い（身体から離れての駆動が主体であり、身体との接触があっても、その際の駆動は限定的）	○Paro（知能システム） ○PaPeRo（NEC） ○メンタルケアロボ「うなずきかぼちゃん」（ピップ）…

出典：公益財団法人テクノエイド協会

❸介護ロボット利用の目的

　介護ロボットも一般的な福祉機器と同様、利用の目的とその対象者（適用となる人）を明確にすることが必須となります。

　つまりロボットといえど、あくまで道具であり、ある目的・行為を達成するための手段の一つです。ですから適用と禁忌、さらには利用に伴うリスクも発生します。誰にでも、また、どのような場面においても、使用できるものではありません。

　このため公益財団法人テクノエイド協会が養成している福祉用具プランナーなど、福祉機器の適合に関して、専門的な知識や技能を有する者の役割が重要になります。介護施設に数名の福祉用具プランナーを配置し、入所者のQOLやADLの維持・向上を図っている施設も増加しています。

　また、介護ロボットの適用をICF（国際生活機能分類）に沿って考えた場合、要介護者の真の意向と残存能力や使用環境を踏まえた適正な福祉機器を使用することは、「生活機能の向上」と「介護負担の軽減」に資するものであり、ひいては要介護者の「活動」や「参加」を促し、生活機能の活性化を大きく寄与するものです（図表2-3-7）。

【図表2-3-7】介護ロボット活用の効果

```
○身体機能の維持（廃用症候群の予防）
○生活機能の向上（活動や参加の促進）
○意欲の増大
○介護負担の軽減
○生活空間の拡大
○コミュニケーションの増加
```

　しかし、その一方で、要介護者の意向や残存能力等を十分に踏まえず、安易に福祉機器を使用・導入することで、「身体機能の低下」や「廃用症候群の発生」を招き、さらに一歩間違えば、大きな事故に

つながる危険性もはらんでいます (**図表2-3-8**)。

　たとえば、「転倒を恐れ、車いす上での生活を中心にしたら、立位による歩行能力が低下した」「床ずれを心配し、エアマットを早期に導入したら、座位姿勢の維持が困難になり、移乗も介助なしにできなくなってしまった」「安易にオムツを使用したら、本人の尿意や便意がうすれ、生活意欲も低下した」などが考えられます。

【図表2-3-8】介護ロボット活用のリスク

```
○筋力低下
○歩行に必要な精神神経機能（周囲への注意や平衡運動機能など）の低下
○心肺機能の低下
    →身体の一部に起こるもの
      関節拘縮、筋委縮、床ずれ、骨委縮など
    →全身に影響するもの
      心肺機能低下、起立性低血圧、食欲不振、便秘など
    →精神や神経の働きに起こるもの
      うつ状態、知的活動低下、周囲への無関心、自律神経不安定、姿勢・運動調
      節機能の低下など
```

4 介護施設の業務の改善点

　2012 (平成24) 年2月、公益財団法人テクノエイド協会が全国の介護施設を対象に行った実態調査の結果、介護業務の中で特に苦慮している点、改善したい点として多く回答された事項は、以下のとおりです (**図表2-3-9**)。

【図表2-3-9】施設業務の改善要望点

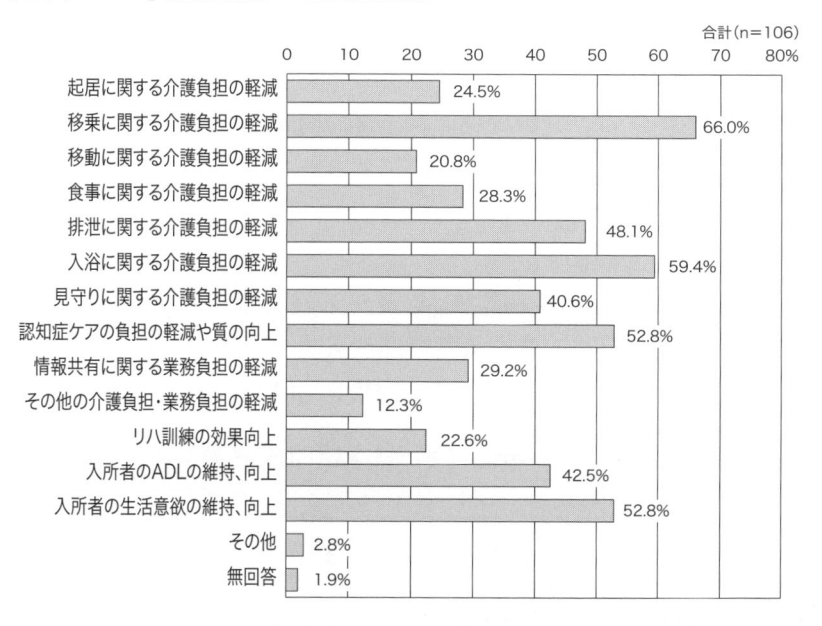

合計(n=106)

- 起居に関する介護負担の軽減　24.5%
- 移乗に関する介護負担の軽減　66.0%
- 移動に関する介護負担の軽減　20.8%
- 食事に関する介護負担の軽減　28.3%
- 排泄に関する介護負担の軽減　48.1%
- 入浴に関する介護負担の軽減　59.4%
- 見守りに関する介護負担の軽減　40.6%
- 認知症ケアの負担の軽減や質の向上　52.8%
- 情報共有に関する業務負担の軽減　29.2%
- その他の介護負担・業務負担の軽減　12.3%
- リハ訓練の効果向上　22.6%
- 入所者のADLの維持、向上　42.5%
- 入所者の生活意欲の維持、向上　52.8%
- その他　2.8%
- 無回答　1.9%

出典：平成23年度　福祉用具・介護ロボット実用化支援事業　事業報告書（厚生労働省）

　特に、移乗や入浴、排泄、認知症ケアなどに介護負担を感じる傾向が強い一方、入所者の生活意欲の維持や向上を図りたいとする施設も多くみられました。

　この結果から介護ロボット活用の目的は、介護負担の軽減のみを目的とするものではなく、入所者のQOLやADLを維持・向上するものでもなければなりません。入所者のニーズが多様化する中、ロボット技術を活用した新たな介護システムの検討が、今まさに進められようとしています。

（2）介護ロボットの開発・実用化に向けた取り組み

❶厚生労働省の取り組み

　厚生労働省では、介護現場のニーズを踏まえた介護ロボットの開発や実用化が促進されるよう、利用者ニーズの収集により、試作機の実証試験が介護施設等において適切かつ円滑に行えるよう、その環境を整備しています。

　具体的には、2013（平成25）年度から経済産業省とも連携して、以下に掲げる各種の事業を公益財団法人テクノエイド協会に委託して実施しています（**図表2-3-10**、**図表2-3-11**）。

【図表2-3-10】福祉用具・介護ロボット実用化支援事業

［背景］
　急激な高齢化の進展にともない、要介護高齢者の増加、介護期間の長期化など、介護ニーズは益々増大する一方、核家族化の進行や、介護する家族の高齢化など、要介護高齢者を支えてきた家族をめぐる状況も変化している。
　また、介護分野においては、介護従事者の腰痛問題等が指摘されており、人材確保を図る上では、働きやすい職場環境を構築していくことが重要である。
　このような中で、日本の高度な水準のロボット技術を活用し、高齢者の自立支援や介護従事者の負担軽減が期待されている。

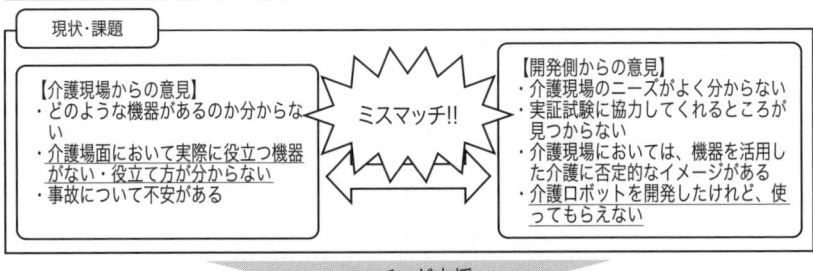

［現状・課題］

【介護現場からの意見】
・どのような機器があるのか分からない
・介護場面において実際に役立つ機器がない・役立て方が分からない
・事故について不安がある

ミスマッチ!!

【開発側からの意見】
・介護現場のニーズがよく分からない
・実証試験に協力してくれるところが見つからない
・介護現場においては、機器を活用した介護に否定的なイメージがある
・介護ロボットを開発したけれど、使ってもらえない

↓ マッチング支援 ↓

介護現場のニーズに適した実用性の高い介護ロボットの開発が促進されるよう、開発の早い段階から現場のニーズの伝達や試作機器について介護現場での実証等を行い、介護ロボットの実用化を促す環境を整備する。

出典：平成23年度　福祉用具・介護ロボット実用化支援事業（厚生労働省）

【図表2-3-11】福祉用具・介護ロボット実用化支援事業

【具体的な取り組み内容(平成25年度)】

相談窓口の設置	実証の場の整備
介護ロボットの活用や開発等に関する相談窓口を開設。 ○電話による相談 ○ホームページによる相談	実証に協力できる施設・事業所等をリストアップし、開発の状態に応じて実証実験へつなぐ。 ○ホームページにて募集 ○協力施設・事業所等に対する研修
モニター調査の実施	普及・啓発
開発の早い段階から試作機器等について、協力できる施設・事業所等を中心にモニター調査を行う。 ○専門職等による試用評価 ○介護現場において実証試験等	国民の誰もが介護ロボットについて必要な知識が得られるよう普及・啓発を推進していく。 ○パンフレットの作成 ○介護ロボットの展示・体験 ○介護ロボットの活用に関する研修等
その他	○介護現場におけるニーズ調査の実施 ○介護現場と開発現場との意見交換の場の開発　等

出典:厚生労働省

１）相談窓口の設置

　2013（平成25）年7月から、介護ロボットの活用や開発に関する専用の相談窓口を設置しています。

・開設日：2013（平成25）年7月29日
・開設場所：公益財団法人テクノエイド協会内
　　　　　　介護ロボット相談窓口
　（〒162-0823　東京都新宿区神楽河岸1-1　セントラルプラザ4階）

　○専用電話：03-3260-5121
　（※つながらない場合には、企画部電話番号：03-3266-6883）
　○相談用メールアドレス：robot@techno-aids.or.jp

・相談受付日時：平日（9時～12時、13時～17時）
・これまでに寄せられている主な相談内容

（介護施設等から）
〇介護ロボットの種類や開発の状況、実用化している機器の概要を知りたい
〇施設で使えるものがあるかどうか相談したい
〇介護で困っていることがあるのだが、介護ロボットを活用した対応方法について相談したい
〇介護現場のニーズを提供したい　など

（開発者等から）
〇介護ロボットの開発を計画しているが、介護現場のニーズに合っているかどうか相談したい
〇開発中の介護ロボットについて実証試験をしたいが、どうすれば良いか教えてほしい
〇介護現場のニーズについて相談したい
〇我が社の持っている技術が介護現場で活用できるか相談したい　など

参考に、介護ロボットの実用化に関する開発側と介護現場側の主張を次に示します（**図表2-3-12**）。

【図表2-3-12】介護ロボットの実用化に関する開発側と介護現場側の主張

段階	開発側	介護現場側
着想・開発段階	・介護現場は機器を使用した介護に否定的なイメージがある。 ・利用者のすべてのニーズを取り入れると開発しようとする機器は多機能となる。	・介護現場の実情を開発側が把握していない。(例えば、介護業務の全体の流れを把握せずに、機器の開発を行うため、本来介護職員が確認するところができなくなる等) ・開発側は必要以上に多様な機能を搭載しようとしがちである。
試作機の開発・実証段階	・モニター調査に協力してくれる施設や被験者を確保することが困難。 ・安全性に関する基準や有効性等を評価する方法が構築されていないため、実証することが困難。 ・介護現場は経験則で行っており、データの収集が困難。 ・倫理審査は重要だとは思うが、簡素化などできないか。	・モニター調査に協力するための体制や人的な余裕がない。 ・試作機を評価する職員の確保が困難。(感想をいう程度なら協力は可能だが、評価を行う場合はスタッフが足りない) ・試作機を使用して事故が起きないか不安。 ・試作機を使用することになる被験者や家族から理解を得にくい。
市場投入段階 (実用化・製品化)	・新たな機器を先駆的に導入してくれる介護現場が少ない。	・新たな機器の情報に触れる機会が少なく、機器を使用した介護の方法等がよく分からない。 ・新たな機器を導入しようとしても、最初は価格が高価になるのではないか。その機器がコストに見合う効果があるのか疑問。

出典:公益財団法人テクノエイド協会

2)モニター調査(実証試験)に協力していただける施設等のデータベース化

　試作段階にある介護ロボットのモニター調査(実証試験)の実施者は開発メーカーですが、介護施設等の協力なくして、真に現場のニーズに即した介護ロボットを開発することは困難です。

　こうしたことから、公益財団法人テクノエイド協会ではモニター調査(実証試験)に協力する意向のある介護施設のデータベース化を行っており、開発者と利用者のマッチング支援を行っています。

　データベース化は、インターネットを通じて行っており、当該施設等の概要、主な課題、協力意向のレベルなどを登録するものです。現在、約280か所の介護施設等が登録されています(**図表2-3-13、図表2-3-14**)。

【図表2-3-13】実証試験協力機関の登録画面

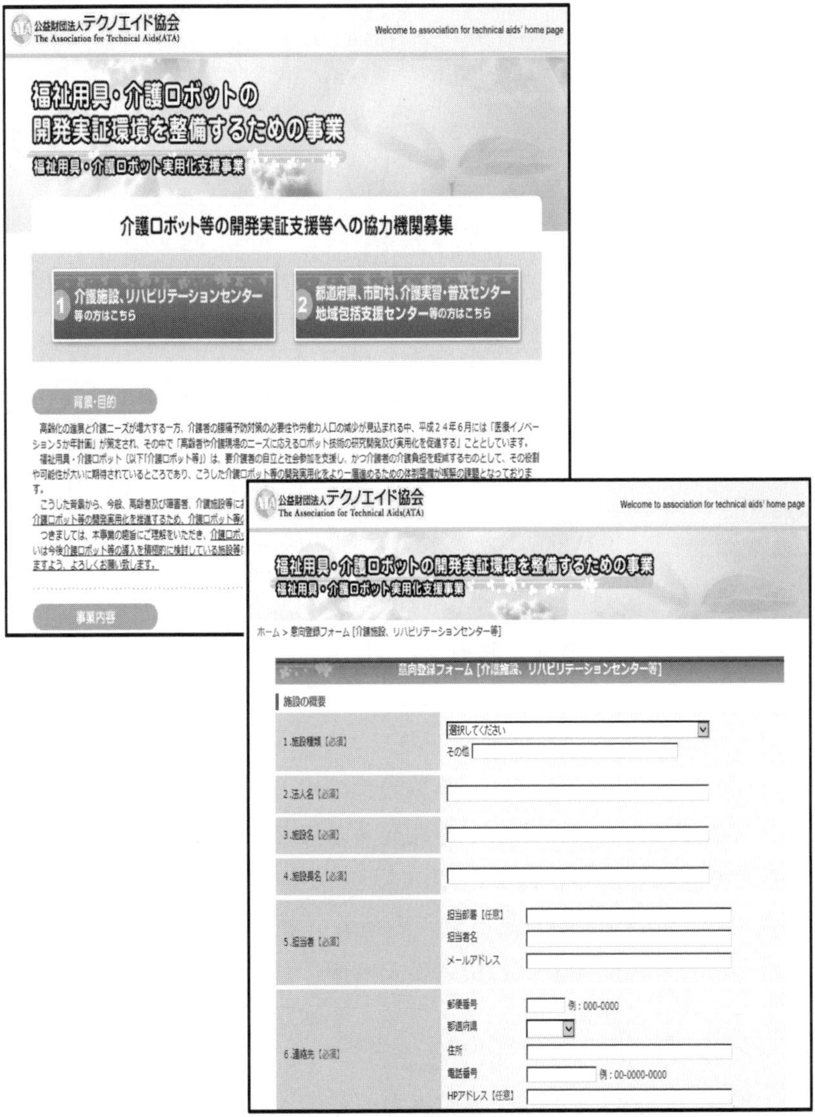

出典：公益財団法人テクノエイド協会　ホームページ
http://www.techno-aids.or.jp/robot/

【図表2-3-14】介護施設等種類別の登録状況

協力意向別登録件数　　　　　　　　　　　　　　　　　　　　　　（単位：件）

	A	B	C	D	E	合計
市町村	3	3	1	29	6	42（14.8%）
特養	26	19	8	2	1	56（19.8%）
その他	18	8	2	6	1	35（12.4%）
老健	13	12	6	1	1	33（11.7%）
有料	10	8	3	5	4	30（10.6%）
障害施設	4	7	1	4	0	16（ 5.7%）
都道府県	2	0	0	5	4	11（ 3.9%）
在宅	3	6	1	3	0	13（ 4.6%）
医療機関	10	4	1	0	1	16（ 5.7%）
認知共同	3	7	1	1	0	12（ 4.2%）
介実	2	1	1	3	2	9（ 3.2%）
地域包括	0	1	0	3	1	5（ 1.8%）
リハセン	3	0	0	1	1	5（ 1.8%）
合計	97（34.3%）	76（26.9%）	25（8.8%）	63（22.3%）	22（7.8%）	283（100%）

※協力可能な範囲
A．施設または事業者自身の職員や関係者で評価チームを編成し、モニター調査を行うことが可能
B．長期間（数ヶ月以上）のモニター調査のフィールドとしての受け入れが可能
C．短期間（1ヶ月以下）のモニター調査のフィールドとしての受け入れであれば可能
D．機器のデモや説明を受けて、それに対して職員がコメントする程度であれば可能
E．その他（条件付き、応相談等）

出典：公益財団法人テクノエイド協会

3）専門職等によるアドバイス支援事業

　開発早期の段階において、本格的な開発に向けた方向性を確認するものです。主に開発コンセプト作成を支援することを目的としており、開発メーカーを対象に介護施設の専門職等によるアドバイス支援を行っています（**図表2-3-15**）。こうした取り組みを通じて、提示された技術に対して、使用する側から期待できる効果、効果を発揮するための必須事項を回答します。これらのアドバイスを踏まえて、開発者は機器のコンセプトを固めていきます（**図表2-3-16**）。

【図表2-3-15】専門職等によるアドバイス支援事業

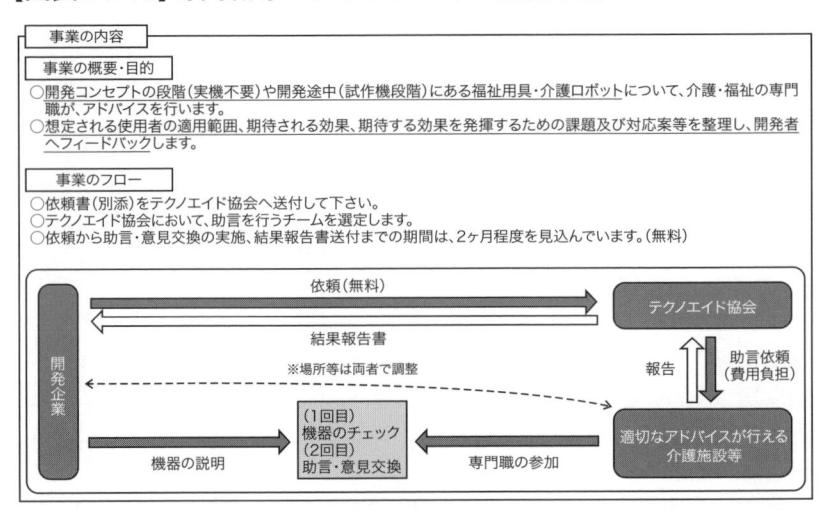

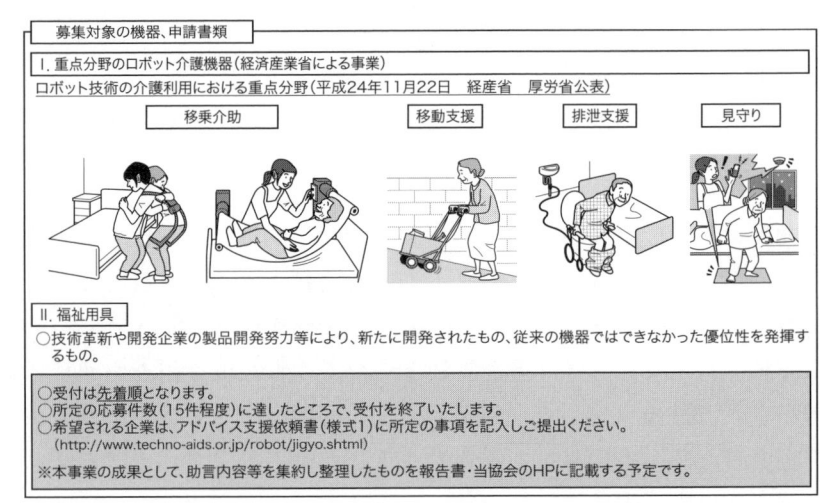

事業の内容

事業の概要・目的
- 開発コンセプトの段階(実機不要)や開発途中(試作機段階)にある福祉用具・介護ロボットについて、介護・福祉の専門職が、アドバイスを行います。
- 想定される使用者の適用範囲、期待される効果、期待する効果を発揮するための課題及び対応案等を整理し、開発者へフィードバックします。

事業のフロー
- 依頼書(別添)をテクノエイド協会へ送付して下さい。
- テクノエイド協会において、助言を行うチームを選定します。
- 依頼から助言・意見交換の実施、結果報告書送付までの期間は、2ヶ月程度を見込んでいます。(無料)

開発企業 ← 依頼(無料) → テクノエイド協会
開発企業 ← 結果報告書
※場所等は両者で調整
報告 / 助言依頼(費用負担)
(1回目)機器のチェック (2回目)助言・意見交換
機器の説明 / 専門職の参加
適切なアドバイスが行える介護施設等

募集対象の機器、申請書類

Ⅰ.重点分野のロボット介護機器(経済産業省による事業)
ロボット技術の介護利用における重点分野(平成24年11月22日　経産省　厚労省公表)

移乗介助　　移動支援　　排泄支援　　見守り

Ⅱ.福祉用具
- 技術革新や開発企業の製品開発努力等により、新たに開発されたもの、従来の機器ではできなかった優位性を発揮するもの。

- 受付は先着順となります。
- 所定の応募件数(15件程度)に達したところで、受付を終了いたします。
- 希望される企業は、アドバイス支援依頼書(様式1)に所定の事項を記入しご提出ください。
 (http://www.techno-aids.or.jp/robot/jigyo.shtml)
※本事業の成果として、助言内容等を集約し整理したものを報告書・当協会のHPに記載する予定です。

出典:公益財団法人テクノエイド協会

【図表2-3-16】介護ロボット研究開発の流れ

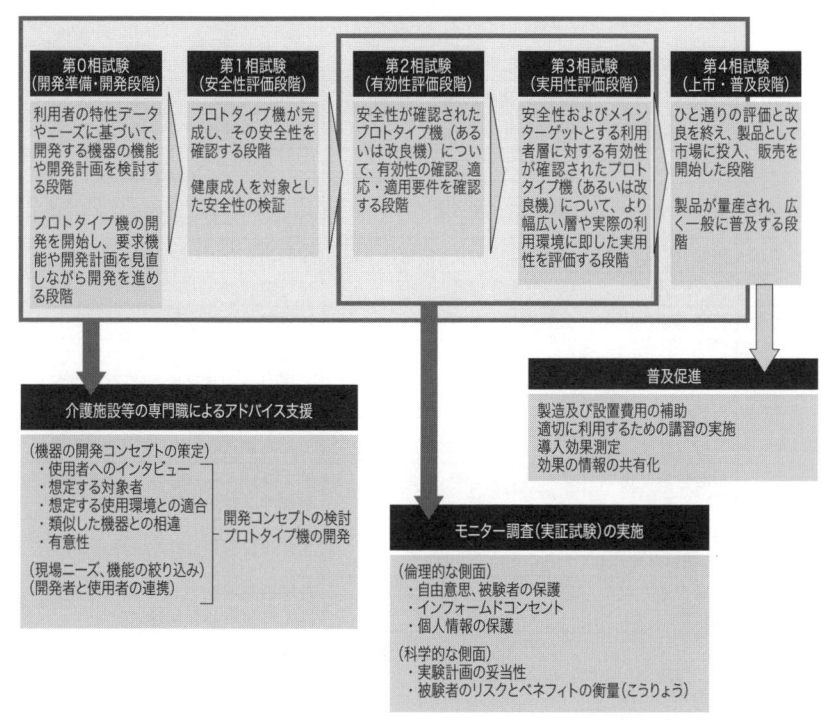

第0相試験 (開発準備・開発段階)	第1相試験 (安全性評価段階)	第2相試験 (有効性評価段階)	第3相試験 (実用性評価段階)	第4相試験 (上市・普及段階)
利用者の特性データやニーズに基づいて、開発する機器の機能や開発計画を検討する段階 プロトタイプ機の開発を開始し、要求機能や開発計画を見直しながら開発を進める段階	プロトタイプ機が完成し、その安全性を確認する段階 健康成人を対象とした安全性の検証	安全性が確認されたプロトタイプ機(あるいは改良機)について、有効性の確認、適応・適用要件の確認をする段階	安全性およびメインターゲットとする利用者層に対する有効性が確認されたプロトタイプ機(あるいは改良機)について、より幅広い層や実際の利用環境に即した実用性を評価する段階	ひと通りの評価と改良を終え、製品として市場に投入、販売を開始した段階 製品が量産され、広く一般に普及する段階

介護施設等の専門職によるアドバイス支援

(機器の開発コンセプトの策定)
・使用者へのインタビュー
・想定する対象者
・想定する使用環境との適合
・類似した機器との相違
・有意性

(現場ニーズ、機能の絞り込み)
(開発者と使用者の連携)

開発コンセプトの検討
プロトタイプ機の開発

普及促進

製造及び設置費用の補助
適切に利用するための講習の実施
導入効果測定
効果の情報の共有化

モニター調査(実証試験)の実施

(倫理的な側面)
・自由意思、被験者の保護
・インフォームドコンセント
・個人情報の保護

(科学的な側面)
・実験計画の妥当性
・被験者のリスクとベネフィトの衡量(こうりょう)

出典:公益財団法人テクノエイド協会

4)介護機器モニター(実証試験)事業

　実際の使用場面において、実証計画を策定し、被験者を募り、当該機器の有効性や実用性を検証するための実証試験を行っています(**図表2-3-17**)。

【図表2-3-17】平成25年度介護機器等モニター（実証試験）事業実施案件

25-015	見守り支援	キング通信工業株式会社	シルエット見守りセンサ
25-013	移動・移乗支援	株式会社今仙電機製作所	i-PAL（アイパル）
25-006	移動・移乗支援	株式会社モリトー	上肢支持機能付き免荷型リフト
25-014	移動・移乗支援	株式会社スマートサポート	スマートスーツ®
25-008	コミュニケーション	富士ソフト株式会社	コミュニケーションパートナーロボットPALRO（認知症高齢者対応モデル）
25-012	移動・移乗支援	パナソニック株式会社	離床アシストベッド
25-005	リハビリ支援	リーフ株式会社	歩行訓練ツール
25-003	日常生活支援	株式会社中部デザイン研究所	補聴耳カバー
25-011	コミュニケーション	富山県南砺市	地域包括医療ケアにおける在宅介護支援ロボット・「パロ（セラピー用）」
25-009	移動・移乗支援	マッスル株式会社	ロボヘルパー　SASUKE
25-004	見守り支援	NKワークス株式会社	3次元電子マット式見守りシステム
25-007	日常生活支援（入浴支援）	有限会社ビューティフルライフ	簡易シャンプー台：在宅仕様（頭・手・足洗浄、衛生保持器）
25-001	日常生活支援（排泄自立支援）	TOTO株式会社	居室設置型移動式水洗便器の開発
25-002	日常生活支援（歩行支援）	東京工業大学	在宅酸素療法患者の外出を支援する酸素機器搬送移動体

出典：公益財団法人テクノエイド協会　ホームページ

　また、介護施設とメーカーの役割分担は、次のようになります（**図表2-3-18**）。

【図表2-3-18】介護施設とメーカーの役割分担

介護施設等	開発メーカー
・担当者の設置 ・場所の提供と被験者（本人・介護者）の確保に向けた協力 ・メーカー等において、円滑な実証試験が行えるようアシスト ・試験は実証試験計画通りに実施（勝手に変更したりしない） ・報告書の作成	・実証試験計画の作成・提示 ・被験者等に対する説明と同意の取得 ・当該機器の操作方法の教育 ・試験期間中の相談・緊急時等の連絡先の24時間確保 ・当該機器の保守・修理 ・試験データの取得 　（状況に応じて協力施設へ委託） ・試験データの解析・評価 ・事故に対する補償 　（必要に応じて、合意事項を文書化して、覚書を締結）
その他、必要に応じて双方が協議しながら、現場のニーズと開発側のシーズを踏まえた、適切かつ円滑な実証試験に努めること	

参考に、2011（平成23）年度～2012（平成24）年度に行われたモニター調査事業を次に示します（**図表2-3-19**）。

【図表2-3-19】平成23年度～24年度に行われたモニター調査事業

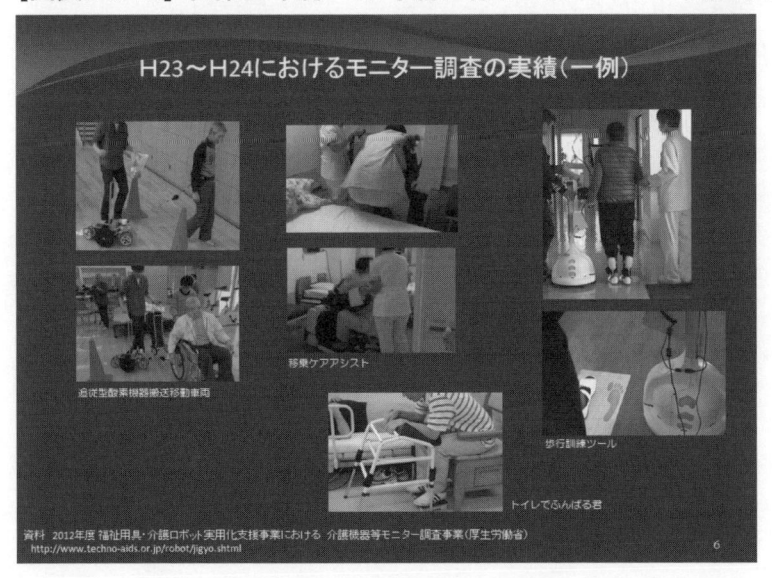

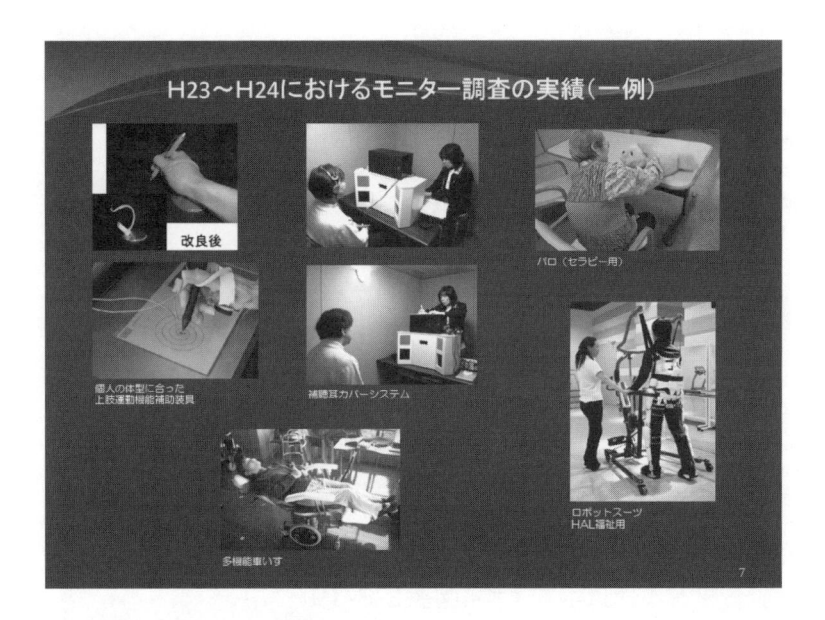

❷経済産業省の取り組み

1）開発する重点分野の策定

　2012（平成24）年11月、経済産業省と厚生労働省において、ロボット介護機器の開発・実用化にかかる重点分野（4項目・5分野）が策定されました。

　「ロボット介護機器開発5ヵ年計画」に基づき、当面はこの分野のロボット介護機器について、開発・導入促進が行われます（**図表2-3-20**、**図表2-3-21**）。

【図表2-3-20】ロボット介護機器開発・導入促進事業

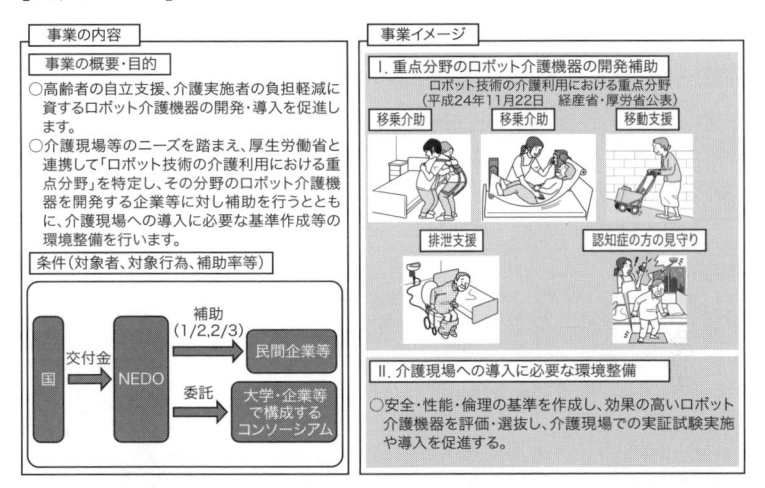

事業の内容

事業の概要・目的
- 高齢者の自立支援、介護実施者の負担軽減に資するロボット介護機器の開発・導入を促進します。
- 介護現場等のニーズを踏まえ、厚生労働省と連携して「ロボット技術の介護利用における重点分野」を特定し、その分野のロボット介護機器を開発する企業等に対し補助を行うとともに、介護現場への導入に必要な基準作成等の環境整備を行います。

条件(対象者、対象行為、補助率等)

国 →(交付金)→ NEDO →(補助1/2,2/3)→ 民間企業等
NEDO →(委託)→ 大学・企業等で構成するコンソーシアム

事業イメージ

I. 重点分野のロボット介護機器の開発補助
ロボット技術の介護利用における重点分野
(平成24年11月22日 経産省・厚労省公表)
- 移乗介助
- 移乗介助
- 移動支援
- 排泄支援
- 認知症の方の見守り

II. 介護現場への導入に必要な環境整備
- 安全・性能・倫理の基準を作成し、効果の高いロボット介護機器を評価・選抜し、介護現場での実証試験実施や導入を促進する。

出典:経済産業省

【図表2-3-21】ロボット介護機器開発・導入促進における考え方

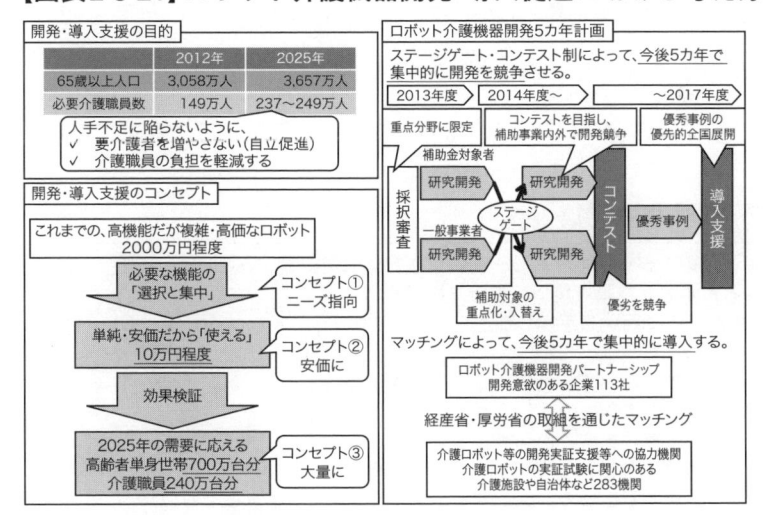

開発・導入支援の目的

	2012年	2025年
65歳以上人口	3,058万人	3,657万人
必要介護職員数	149万人	237～249万人

人手不足に陥らないように、
✓ 要介護者を増やさない(自立促進)
✓ 介護職員の負担を軽減する

開発・導入支援のコンセプト

これまでの、高機能だが複雑・高価なロボット
2000万円程度
↓
必要な機能の「選択と集中」 — コンセプト① ニーズ指向
↓
単純・安価だから「使える」 10万円程度 — コンセプト② 安価に
↓
効果検証
↓
2025年の需要に応える 高齢者単身世帯700万台分 介護職員240万台分 — コンセプト③ 大量に

ロボット介護機器開発5カ年計画

ステージゲート・コンテスト制によって、今後5カ年で集中的に開発を競争させる。

2013年度 → 2014年度～ → ～2017年度

重点分野に限定 / 補助金対象者 / 研究開発 → コンテストを目指し、補助事業内で開発競争 / 研究開発 → 優秀事例の優先的全国展開
採択審査 → ステージゲート → コンテスト → 導入支援
一般事業者 / 研究開発 → 研究開発 → 優秀事例
補助対象の重点化・入替え / 優劣を競争

マッチングによって、今後5カ年で集中的に導入する。

ロボット介護機器開発パートナーシップ
開発意欲のある企業113社

経産省・厚労省の取組を通じたマッチング

介護ロボット等の開発実証支援等への協力機関
介護ロボットの実証試験に関心のある
介護施設や自治体など283機関

出典:経済産業省

以下に重点分野のロボット介護機器のカテゴリを紹介します（**図表2-3-22、図表2-3-23、図表2-3-24、図表2-3-25**）。現在、実際に研究開発が進められている製品の詳細については、経産省介護ロボットサイト（http://robotcare.jp/）を参照してください。

【図表2-3-22】移乗介助

○ロボット技術を用いて介助者のパワーアシストを行う装着型の機器
・介助者が装着して用い、移乗介助の際の腰の負担を軽減する
・介助者が1人で着脱可能であること
・ベッド、車いす、便器の間の移乗に用いることができる

○ロボット技術を用いて介助者による抱え上げ動作のパワーアシストを行う非装着型の機器
・移乗開始から終了まで、介助者が1人で使用することができる
・ベッドと車いすの間の移乗に用いることができる
・要介護者を移乗させる際、介助者の力の全部、または一部のパワーアシストを行うこと
・機器据付けのための土台設置工事等の住宅等への据付け工事を伴わない。
・つり下げ式移動用リフトは除く

【図表2-3-23】移動支援

○高齢者等の外出をサポートし、荷物等を安全に運搬できるロボット技術を用いた歩行支援機器
・使用者が1人で用いる手押し車型（歩行車、シルバーカー等）の機器
・高齢者等が自らの足で歩行することを支援することができる。搭乗するものは対象としない
・荷物を載せて移動することができる
・モーター等により、移動をアシストする（上り坂では推進し、かつ下り坂ではブレーキをかける駆動力がはたらくもの）
・4つ以上の車輪を有する

- 不整地を安定的に移動できる車輪径である
- 通常の状態、または折りたたむことで、普通自動車の車内やトランクに搭載することができる大きさである
- マニュアルのブレーキがついている
- 雨天時に屋外に放置しても機能に支障がないよう、防水対策がなされている
- 介助者が持ち上げられる重量（30kg以下）である

【図表2-3-24】排泄支援

- ○排泄物の処理にロボット技術を用いた設置位置の調整可能なトイレ
- 使用者が、居室で便座に腰掛けて用いる便器
- 排泄物のにおいが室内に広がらないよう、排泄物を室外へ流す、または、容器や袋に密閉して隔離する
- 室内での設置位置を調整可能であること

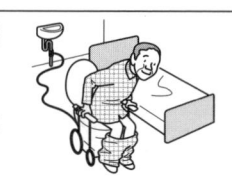

【図表2-3-25】認知症患者の見守り

- ○介護施設において使用する、センサーや外部通信機能を備えたロボット技術を用いた機器のプラットフォーム
- 複数の要介護者を同時に見守ることが可能
- 施設内各所にいる複数の介護従事者へ同時に情報共有することが可能
- 昼夜問わず使用できる
- 要介護者が自発的に助けを求める行動（ボタンを押す、声を出す等）から得る情報だけに依存しない
- 要介護者がベッドから離れようとしている状態、または離れたことを検知し、介護従事者へ通報できる
- 認知症の方の見守りプラットフォームとして、機能の拡張、または他の機器・ソフトウェアと接続ができる

2）引き続き調査・検討を行う分野

　以下の分野について、引き続き厚生労働省と経済産業省が調査等を行ったうえで、必要に応じて、重点分野への位置づけを行うこととされています（**図表2-3-26**）。

【図表2-3-26】引き続き調査・検討を行う分野

日常生活支援	排泄支援	○おむつ交換、清拭、衣服の着脱、トイレまでの移動
	入浴支援	○浴槽までの移動、浴槽への出入り ○足部等の部分浴
	その他	○口腔ケア、その他 ○夜間や要注意箇所（浴室等）での見守り ○さらに高機能かつ便利な離床センサー
認知症高齢者支援	見守り	○一人暮らしの要介護者用の複合的機能を持つ見守りシステム ○服薬・摂食・水分摂取等の確認 ○睡眠を確認できるセンサー
	認知症ケア	○不安感・焦燥感の軽減 ○さまざまな作業の動機づけ
介護施設の業務支援	家事支援	○家事労働を行うための簡易な支援機器 ○洗濯物等の運搬 ○掃除を含むその他の業務
予防・健康維持	歩行支援 生活に必要な運動機能低下の予防	

3) 安全基準等の作成

　ロボット介護機器の安全・性能・倫理の基準を作成し、効果の高いロボット介護機器を評価・選抜し、介護現場での実証試験の実施や導入を促進するとされています。

　途中で審査を行うステージゲートを設けて補助対象の入れ替えを行ったり、優劣を競争するためのコンテストを開催したりし、さらに優秀事例については優先的に全国展開の導入支援を行うことが予定されています。

（3）認知症高齢者の自立支援に役立つ支援機器

■1 認知症支援機器ワークショップの開催

　厚生労働省では、2013（平成25）年度から「認知症施策推進5か年計画（オレンジプラン）」を実施し、認知症の高齢者が可能な限り住み慣れた地域で生活を続けていくためのサービス構築を目指して

います。

　こうした中、ロボット介護機器開発・導入促進事業の新たな重点分野に位置づけようと、2013（平成25）年9月、10月、障害当事者と有識者、行政等による認知症支援機器のワークショップが開催されました。

❷軽度な認知症高齢者に役立つ機器の将来像

　2日間のワークショップの結果、軽度な認知症高齢者の自立支援に役立つ機器として、次の支援機器（**図表2-3-27、図表2-3-28、図表2-3-29、図表2-3-30、図表2-3-31**）を開発することが望ましいとまとめられ、重点分野の位置づけ、さらには今後の機器開発へその期待が寄せられます。

【図表2-3-27】位置情報ナビゲーション

```
○要件の概要
・Googleなどの地図上でナビゲートできる
・初期設定が簡単である
・目的地の設定が簡単である
・音声（発話）入力が可能である
・既存のデータベースと紐付し、目的地や施設が簡単に選択できること
・電話番号による入力が可能である
・眼鏡上の映像表示は、安全に視認できること
・情報提示は、タブレットや腕時計などでも可能なこと
```

【図表2-3-28】音声によるスケジュール管理

○要件の概要
・音声入力は、電話機感覚で可能なこと
・スケジュール管理ができること
・文字入力や音声入力の選択ができること
・音声による入力応答（報知）ができること
・外出時の心配（火元確認など）を解消するお知らせ機能などがあること
・携帯電話や腕時計型の端末で応答（報知）できること

【図表2-3-29】服薬管理

○要件の概要
・薬を取り出すところだけでなく、嚥下したことまで確認できること
・心理的に受け入れやすい形態、使い勝手のよいものであること
・一連の確認行為が複雑にならないこと
・生活のリズムとして服薬が習慣づけられるもの
・確実に飲んだことを自然に確認できること

【図表2-3-30】転倒検知、入浴センサー

○要件の概要
・検知や報知するだけではなく、誰かが駆けつけてくれるシステムまで必要
・どこに報知し、誰が来てくれるのかわかるもの
・自立支援がねらいであり、プライバシーや行動の自由を束縛しないもの
・以下の3つに分けて考える必要がある
　①検出の段階
　　どのような状態になっているかまで、きちんと把握できるもの
　②通報の段階
　　ペンダント型は、常に身につけられない、またベルト型は、季節の着衣に影響を受ける。年間通じて自然に身につけられる形状であること
　③通報の範囲
　　本人と音声でやり取りできるとよい

【図表2-3-31】コミュニケーション支援

○要件の概要
・留守番時の話し相手となり、安心できる情報を伝達されるもの
・安心感が得られることがポイント(信頼できる人、親しい人の声や映像でコミュニケーションできると良いのではないか)
・スケジュール管理の機能と連動するもの
・ケンカの仲裁をしてくれるもの

(4)介護ロボットの普及啓発、導入補助

❶介護ロボット普及モデル事業

実用化された介護ロボット(図表2-3-32)を活用した援助技術を介護施設や在宅サービス事業等へ周知するため、地域の拠点と連携を図り、介護ロボットの普及活動が全国9か所でモデル的に実施されています(図表2-3-33)。

【図表2-3-32】実用化が進むさまざまな介護ロボット

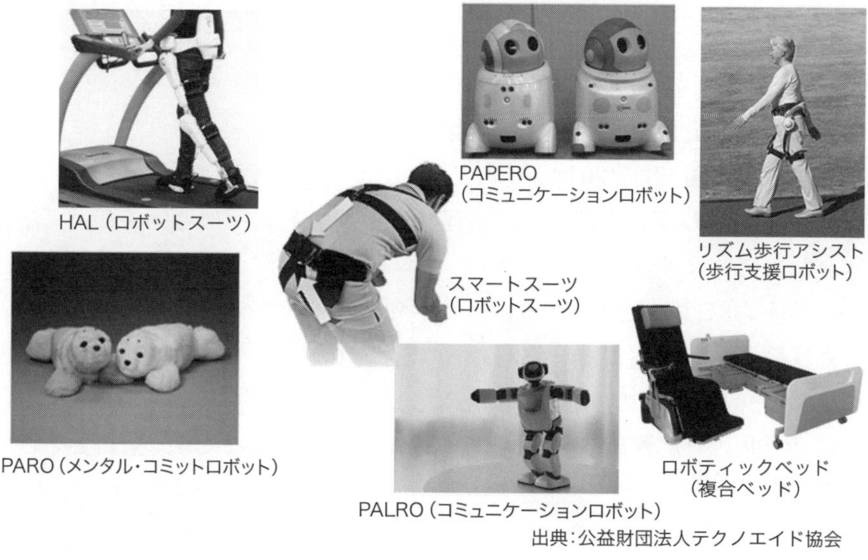

HAL(ロボットスーツ)

PAPERO(コミュニケーションロボット)

スマートスーツ(ロボットスーツ)

リズム歩行アシスト(歩行支援ロボット)

PARO(メンタル・コミットロボット)

PALRO(コミュニケーションロボット)

ロボティックベッド(複合ベッド)

出典:公益財団法人テクノエイド協会

モデル事業では、主に介護ロボットの展示、研修、貸出等の事業を行っています。実施内容の詳細は、公益財団法人テクノエイド協会ホームページ（http://www.techno-aids.or.jp/robot/jigyo.shtml）を参照してください。

【図表2-3-33】介護ロボット普及モデル事業　実施機関一覧

地域	実施機関	郵便番号	住所	電話
北海道	北海道介護実習・普及センター	060-0002	北海道札幌市中央区北2条西7丁目 北海道社会福祉総合センター3階	011-241-3979
青森	青森県介護実習・普及センター	030-0822	青森県青森市中央3丁目20-30	017-774-3234
岩手	いきいき岩手支援財団	020-0015	岩手県盛岡市本町通3-19-1	019-625-7490
福嶋	福島県男女共生センター	964-0904	福島県二本松市郭内1-196-1	0243-23-8304
名古屋	なごや福祉用具プラザ	466-0051	愛知県名古屋市昭和区御器所通3-12-1	052-851-0051
兵庫	兵庫県立福祉のまちづくり研究所	651-2181	兵庫県神戸市西区曙町1070	078-925-9283
北九州	福祉用具プラザ北九州	802-0077	福岡県北九州市小倉北区馬借1-7-1	093-522-8721
佐賀	佐賀県在宅生活サポートセンター	840-0804	佐賀県佐賀市神野東2-3-33	0952-31-8655
大分	大分県社会福祉介護研修センター	870-0161	大分県大分市明野東3-4-1	097-552-6888

出典：公益財団法人テクノエイド協会　ホームページ

❷ロボット介護機器導入実証事業

　経済産業省では、2013（平成25）年度の補正予算において、ロボット介護機器の導入を補助し、量産化を促すための実証事業を行うこととしています。

　具体的には、重点分野のロボット介護機器について、メーカーと介護施設、仲介者がチームを組んで補助申請を行うものであり、製品製造・設置費用の2/3（中小企業）、1/2（その他）を補助するともに、講習・効果測定費用を補助するものです（**図表2-3-34、図表2-3-35**）。

【図表2-3-34】ロボット介護機器導入実証事業

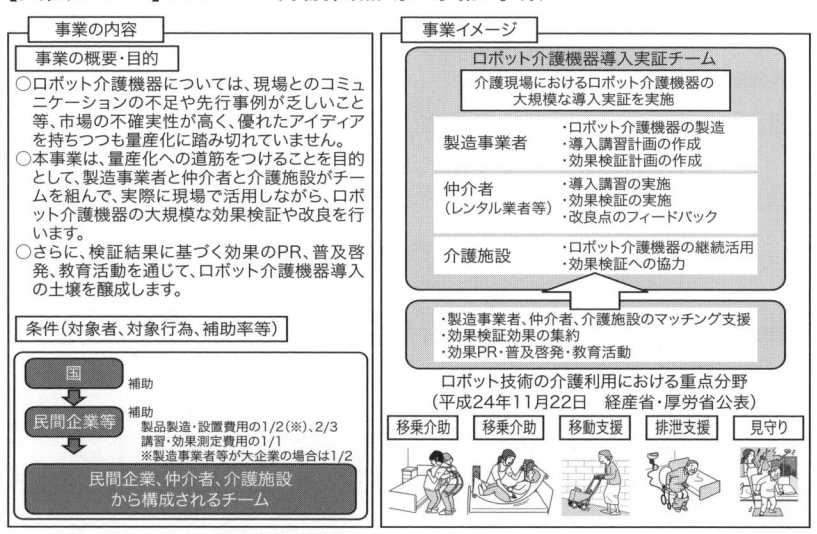

事業の内容

事業の概要・目的
- ロボット介護機器については、現場とのコミュニケーションの不足や先行事例が乏しいこと等、市場の不確実性が高く、優れたアイディアを持ちつつも量産化に踏み切れていません。
- 本事業は、量産化への道筋をつけることを目的として、製造事業者と仲介者と介護施設がチームを組んで、実際に現場で活用しながら、ロボット介護機器の大規模な効果検証や改良を行います。
- さらに、検証結果に基づく効果のPR、普及啓発、教育活動を通じて、ロボット介護機器導入の土壌を醸成します。

条件（対象者、対象行為、補助率等）

国 → 補助
民間企業等 → 補助 製品製造・設置費用の1/2（※）、2/3
講習・効果測定費用の1/1
※製造事業者等が大企業の場合は1/2
→ 民間企業、仲介者、介護施設から構成されるチーム

事業イメージ

ロボット介護機器導入実証チーム
介護現場におけるロボット介護機器の大規模な導入実証を実施

製造事業者	・ロボット介護機器の製造 ・導入講習計画の作成 ・効果検証計画の作成
仲介者 （レンタル業者等）	・導入講習の実施 ・効果検証の実施 ・改良点のフィードバック
介護施設	・ロボット介護機器の継続活用 ・効果検証への協力

- 製造事業者、仲介者、介護施設のマッチング支援
- 効果検証効果の集約
- 効果PR・普及啓発・教育活動

ロボット技術の介護利用における重点分野
（平成24年11月22日 経産省・厚労省公表）

移乗介助／移乗介助／移動支援／排泄支援／見守り

出典：経済産業省

【図表2-3-35】ロボット介護機器導入実証事業　事業スキーム

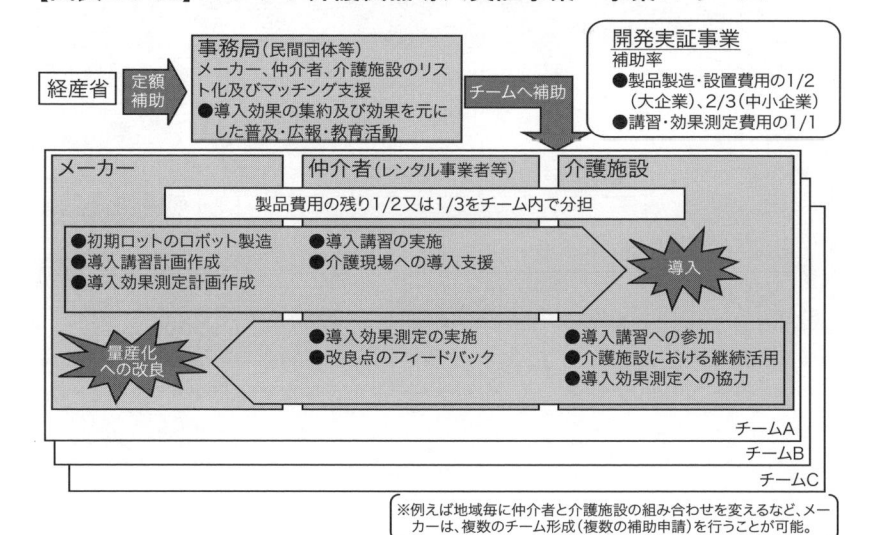

経産省 →定額補助→ **事務局（民間団体等）**
- メーカー、仲介者、介護施設のリスト化及びマッチング支援
- 導入効果の集約及び効果を元にした普及・広報・教育活動

→チームへ補助→ **開発実証事業**
補助率
● 製品製造・設置費用の1/2（大企業）、2/3（中小企業）
● 講習・効果測定費用の1/1

メーカー	仲介者（レンタル事業者等）	介護施設
製品費用の残り1/2又は1/3をチーム内で分担		
●初期ロットのロボット製造 ●導入講習計画作成 ●導入効果測定計画作成	●導入講習の実施 ●介護現場への導入支援	導入
量産化への改良	●導入効果測定の実施 ●改良点のフィードバック	●導入講習への参加 ●介護施設における継続活用 ●導入効果測定への協力

チームA／チームB／チームC

※例えば地域毎に仲介者と介護施設の組み合わせを変えるなど、メーカーは、複数のチーム形成（複数の補助申請）を行うことが可能。

出典：経済産業省

（5）福祉用具・介護ロボットの開発から普及に向けた方向性

最後に、福祉用具・介護ロボットの開発から普及に向けた方向性を以下に示します（**図表2-3-36**）。

【図表2-3-36】福祉用具・介護ロボットの開発から普及に向けた方向性

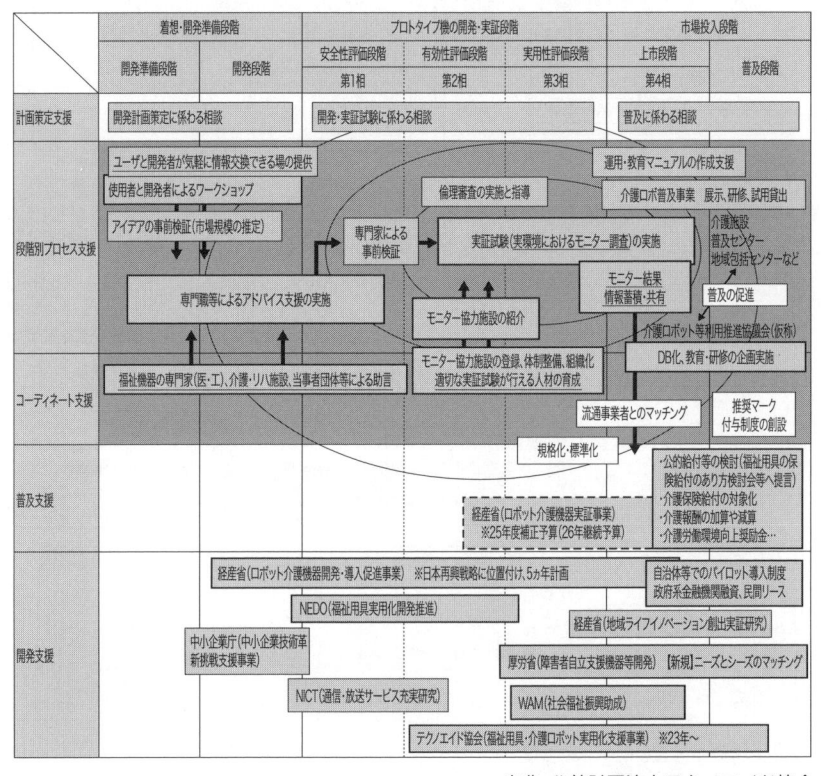

	着想・開発準備段階		プロトタイプ機の開発・実証段階			市場投入段階	
	開発準備段階	開発段階	安全性評価段階 第1相	有効性評価段階 第2相	実用性評価段階 第3相	上市段階 第4相	普及段階
計画策定支援	開発計画策定に係る相談		開発・実証試験に係る相談			普及に係る相談	
段階別プロセス支援	ユーザと開発者が気軽に情報交換できる場の提供／使用者と開発者によるワークショップ／アイデアの事前検証（市場規模の推定）／専門職等によるアドバイス支援の実施		専門家による事前検証／倫理審査の実施と指導／実証試験（実環境におけるモニター調査）の実施／モニター協力施設の紹介／モニター協力施設の登録、体制整備、組織化 適切な実証試験が行える人材の育成			運用・教育マニュアルの作成支援／介護ロボ普及事業 展示、研修、試用貸出／モニター結果 情報蓄積・共有／普及の促進／介護ロボット等専用推進協議会（仮称）／DB化、教育・研修の企画実施	普及施設 普及センター 地域包括センターなど
コーディネート支援	福祉機器の専門家（医・工）、介護・リハ施設、当事者団体等による助言				流通事業者とのマッチング／規格化・標準化	推奨マーク付与制度の創設	
普及支援				経産省（ロボット介護機器実証事業）※25年度補正予算（26年継続予算）		・公的給付等の検討（福祉用具の保険給付のあり方検討会等へ提言） ・介護保険給付の対象化 ・介護報酬の加算や減算 ・介護労働環境向上奨励金…	
開発支援	経産省（ロボット介護機器開発・導入促進事業） ※日本再興戦略に位置付け、5ヵ年計画／NEDO（福祉用具実用化開発推進）／中小企業庁（中小企業技術革新挑戦支援事業）／NICT（通信・放送サービス充実研究）／テクノエイド協会（福祉用具・介護ロボット実用化支援事業） ※23年〜				自治体等でのパイロット導入制度／政府系金融機関融資、民間リース／経産省（地域ライフイノベーション創出実証研究）／厚労省（障害者自立支援機器等開発）【新規】ニーズとシーズのマッチング／WAM（社会福祉振興助成）		

出典：公益財団法人テクノエイド協会

4 自動排泄処理装置を入れるとコストパフォーマンスが変わる

（1）はじめに

　我が国は、諸外国に例をみないスピードで高齢化が進行しています。

　65歳以上の人口は、現在3,000万人を超えており（国民の約4人に1人）、2042（平成54）年の約3,900万人でピークを迎え、その後も、75歳以上の人口割合は増加し続けることが予想されています。

　このような状況の中、団塊の世代（約800万人）が75歳以上となる2025（平成37）年以降は、国民の医療や介護の需要が、さらに増加することが見込まれています。このため、厚生労働省においては、2025（平成37）年を目途に、高齢者の尊厳の保持と自立生活の支援の目的のもとで、可能な限り住み慣れた地域で、自分らしい暮らしを人生の最期まで続けることができるよう、地域の包括的な支援・サービス提供体制（地域包括ケアシステム）の構築を推進しています。

　少子高齢化の進行や世帯構成の変化、国民のライフスタイルの多様化等により、国民の福祉・介護ニーズは多様化、高度化している状況にあり、これらのニーズに対応する福祉・介護人材は、質・量の両面において一層の充実が求められている状況にあります。

　また、こうした少子高齢化の進行等により、労働力人口が減少し、全産業的に労働力の確保が困難となっていくことが見込まれるなかで、限られた労働力の中から、国民のニーズに的確に対応できる質の高い福祉・介護人材を安定的に確保していくことは喫緊の課題であり、国民生活を支える福祉・介護制度を維持するうえで、不可欠

の要素であるといえます。

　介護分野に従事する方々は、2010（平成22）年の200万人から、2025（平成37）年には400万人の確保が必要と推計されており、介護人材の確保が喫緊の課題となっているなか、介護分野の職場の状況をみますと、
・他の産業と比較して離職率が高い。
・常態的に求人募集が行われ、一部の地域では人手不足感が発生。
など、さまざまな課題があります。

　また、施設における介護では、昼間に比較して介護労働者の配置が少なくなる夜間の介護においては、排泄ケアが非常に大きな負担になります。

　以上のような状況を背景に、新たな排泄ケアを支援する福祉機器として、自動排泄処理装置が開発されました。

（2）自動排泄処理装置の介護保険制度等での給付の仕組み

　そのような、状況を反映して、自動排泄処理装置は2009（平成21）年度より介護保険制度における福祉用具購入品目に加えられ、2012（平成24）年度より、その本体は福祉用具貸与品目となりました。また、施設における介護労働の環境向上のための介護機器として中小企業労働環境向上助成金の対象となっています。

　介護保険制度の福祉用具貸与において、自動排泄処理装置は「尿又は便が自動的に吸引されるものであり、かつ、尿や便の経路となる部分を分割することが可能な構造を有するものであって、居宅要介護労働者等又はその介護を行う者が容易に使用できるもの（交換可能部品（レシーバー、チューブ、タンク等のうち、尿や便の経路となるものであって、居宅要介護者等又はその介護を行う者が容易

に交換できるものをいう。）を除く。）」とされています。

　また、特定福祉用具販売の品目の自動排泄処理装置の交換可能部品「尿又は便が自動的に吸引されるもので居宅用介護者等またはその介護を行うものが容易に使用できるもの」とされています。より具体的には、「レシーバー、チューブ、タンク等のうち、尿や便の経路となるものであって、居宅介護者等又はその介護を行う者が容易に交換できるもの」が対象となります。しかし、専用パッド、洗浄液など排泄のたびに消費するもの並びに専用パンツ、専用シーツ等の関連部品は対象からは除かれます。

（3）自動排泄処理装置の介護保険給付状況

　自動排泄処理装置の介護保険給付実績をみると、2013（平成25）年9月審査分で約900台と普及はこれからという段階です。

　貸与品として指定された2012（平成24）年5月請求分以降のデータ（**図表2-4-1**）をみても、貸与件数は伸びてはいるもののわずかで、今後の大きな進展が期待されます。

　また、施設での実績について公開された統計はありませんが、一部のメーカーからの聞き取りによれば、現時点では在宅以上に今後の活用が期待される状況です。

　この状況を踏まえても、自動排泄処理装置の関係者への認知を広め、活用を促進していく必要があります。

【図表2-4-1】自動排泄処理装置　給付実績

年月	件数(千)
2012(平成24)年5月	0.0
2012(平成24)年6月	0.1
2012(平成24)年7月	0.3
2012(平成24)年8月	0.4
2012(平成24)年9月	0.4
2012(平成24)年10月	0.5
2012(平成24)年11月	0.6
2012(平成24)年12月	0.6
2013(平成25)年1月	0.7
2013(平成25)年2月	0.7
2013(平成25)年3月	0.7
2013(平成25)年4月	0.8
2013(平成25)年5月	0.8
2013(平成25)年6月	0.8
2013(平成25)年7月	0.8
2013(平成25)年8月	0.9
2013(平成25)年9月	0.9

出典:厚生労働省　介護給付費実態調査結果より作成

(4)商品概要

　自動排泄処理装置は大きく分けて、尿と便のいずれも自動吸引するタイプと尿のみ吸引するタイプがあります。

　近年、自動排泄処理装置は、多くの企業から商品化されており、ここでは、その一例を示します。

❶尿および便を吸引するタイプ

1)用具の概要

　この用具は、軟質シリコンゴム製のカップと呼ぶ受容器をおむつカバー式のガーターを股間に装着するだけで、内蔵センサーにより排尿、排便を感知して排泄物を温水とともに自動吸引し、局部の洗浄および乾燥を行い、汚物をタンクに貯留しておくものです。カップは男女兼用で、太いチューブ、吸引、洗浄ポンプ、汚物タンクか

ら構成されています。受容カップを紙おむつ素材の専用パッドで覆った専用パッド型と、軟質シリコン製のカップだけのカップ型があります。

2) 用具の特性
　一般的な自動処理の手順は、次のとおりです。
①タンク内に給水し準備を整えます。
　　　　↓
②陰部にカップと呼ぶ受容器を装着し、電源を入れて自動モードに設定します。
　　　　↓
③カップ内に尿や便が排出されるとセンサーが感知して、尿、便を水圧で崩しながら吸引しつつ陰部を温水洗浄して温風乾燥します（温水圧で陰部の皮膚が損傷することがないよう設計されています）。
　　　　↓
④吸引された尿と便は、洗浄水とともに汚物タンクに貯留されます。

　男性、女性とも仰臥位および約15度までの半側臥位で使用しますが、約15度以上に体位交換する場合には、排泄処理機能が停止します。

　また、温水洗浄自動吸引は自動モードと手動モードがあり、温水は温度調節ができます。自動モードは、カップをセットしてから水温、水圧を設定し、センサーが排泄物を自動感知して温水洗浄と自動吸引をして、温風乾燥します。手動モードでは、介護労働者がボタンを押して洗浄の仕方を選べます。

　太いチューブは便、尿を洗浄水とともに汚物タンク内に導入させ

ます。汚物タンクは一晩中の使用に耐える容量を持っていて、便、尿と使用後の洗浄水を貯留します。また、満タンになる前に表示、または音声で報せます。

温水は温度調節ができます。また、温風乾燥機能、消臭機能などもあります。

排便、排尿回数を記録できますが、量の記録はできません。

用具の洗浄、消毒は、各ジョイント部を外して、塩素系殺菌剤などに定期的に浸け置きして洗浄、乾燥します。汚れが目立つ場合は廃棄して新品と交換します。

3）主な適応範囲
　以下のいずれかの条件を満たすケースが適応となります。
・原則として全介助の人
・重度の難病、障害者
・夜間の頻繁な排泄で、本人も介護労働者も排泄介護が困難なとき
　また、以下のような人は、利用できません。
・完全側臥位のまま排泄を行う人
・足が交差し拘縮している人
・勝手に離床してしまう人
・認知症があり用具を外したり、体動が多い人

4）適正な使用方法
(a)介護放棄につながらない使い方を心がけましょう
　この用具を使用する対象者は前述のような介護を必要とする人たちです。介護負担を軽減し、自動的に排泄物を処理する用具であることから、「介護放棄」「廃用症候群の増悪」を懸念する声もあります。しかし、用具が介護放棄や廃用症候群をつくるわけではありません。

あくまでもその用具をどのように使うか、利用者の主体にかかっています。用具の責任にするのではなく、本人および介護労働者のQOLが高くなることを見極めて使用することがとても重要です。

(b)褥瘡を予防するための使用方法を考えましょう

　陰部に付着する汚物は、温水洗浄され、温風乾燥されますが、陰部とカップ部の接触圧が高いと、その部分に褥瘡が発生することがあるので、圧を分散する工夫が必要です。また、褥瘡は骨に体圧がかかる部位にも発生します。体位交換と皮膚の観察、皮膚の清潔管理を怠らないようにして、適切に体圧分散用マットなどを敷きこんで長時間同じ体位をさせないように工夫します。すでに臀部に重度の褥瘡がある人は褥瘡を治療してから使用します。

　カップ部と接触する肌に発赤が出ることがあれば、一般的なスキンケアをして発赤が消失すれば使用を続行、消失しない場合は使用を中止して発赤を治療してから使用を再開するようにします。

(c)廃用症候群を予防する介護を心がけましょう

　夜間のおむつ交換がなくなれば、本人にとっても介護労働者にとっても睡眠をとれるようになり、少しゆとりが持てるようになりますが、介護労働者は体位交換時の言葉かけや、本人の状況の観察を怠らないように心がけましょう。昼間は食事や手足の体操、身体の清拭などでのスキンシップを手厚く行い、本人の気持ちが前向きになるように心がけることが、この用具をより良く継続使用するうえで大切なことです。

(d)用具の消毒

　便を対象とする用具なので消毒が必要ですが、特に在宅の利用者が感染症になったときには、この用具すべての部品の消毒が必要となります。煮沸消毒はできませんので、塩素系殺菌剤、クレゾール液、アルコール液などの薬液消毒（逆性せっけん液は便の消毒はで

きません）をしてから洗浄、乾燥をします。各部品の分解、組立て方法、洗浄方法を用具導入時に教わりましょう。

5）機能と特色

　紙おむつ専用パッド型はカップの深さが少ないため、通常使用しているマットレス、布団の上において使用できます（**図表2-4-2**）。

【図表2-4-2】紙おむつ専用パッド型

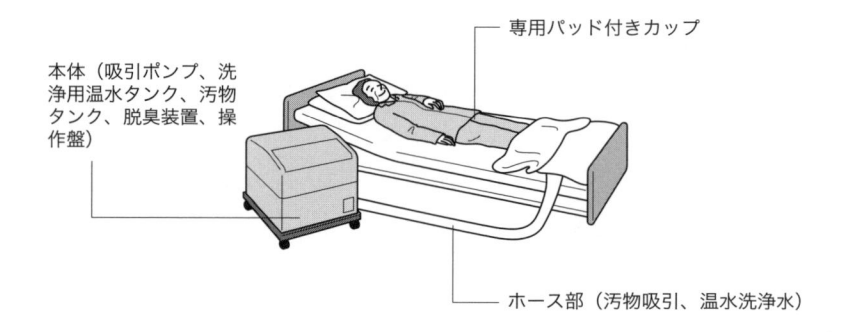

本体（吸引ポンプ、洗浄用温水タンク、汚物タンク、脱臭装置、操作盤）
専用パッド付きカップ
ホース部（汚物吸引、温水洗浄水）

　カップの台部に仙骨が乗るため、台部、臀部における体圧は平均30mmHgとなるように設計してあります。また、仙骨部が突出した人用の台部も用意されています（**図表2-4-3**）。カップ内は常に微風が通っているのでムレを防ぎます。シリコンゴム製のカップが直接肌に触れないように紙おむつ素材の専用パッドを張り付けて肌との接触を柔らかくしています。専用パッドは、通常1日1枚交換します（**図表2-4-4**）。

【図表2-4-3】仙骨部が突出した人用の台部

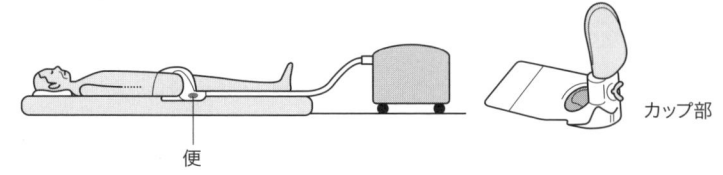

カップ部
便

【図表2-4-4】専用パッド

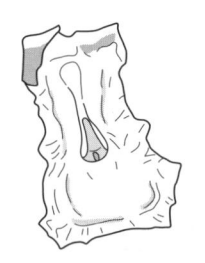

　正仰臥位から約15度までの半側臥位で使用できます。完全側臥位になる場合は、排泄処理機能は停止します。
　頻尿の人には洗浄しすぎないような頻尿対応モードがあります。
　利用者の離床や体動の状況がわかるセンサーをマットレスの下に挿入できます。
　汚物タンクは2500ml程度の容量で、1日1回中身を捨て、洗浄してから本体に収納します（**図表2-4-5**）。

【図表2-4-5】汚物タンク

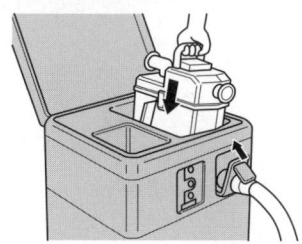

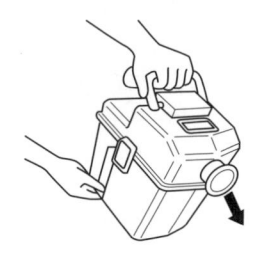

6) 専用パッドの装着方法

軟質シリコン製のカップに、専用パッドを取り付けます（**図表2-4-6**）。

【図表2-4-6】専用パッドの装着方法①

身体の下にテープ型紙おむつを敷いて、カップ部を陰部にあてがいます（**図表2-4-7**）。お尻を持ち上げられない人は、側臥位にして、カップ部をあてがいます（**図表2-4-8**）。

【図表2-4-7】専用パッドの装着方法②

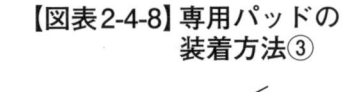

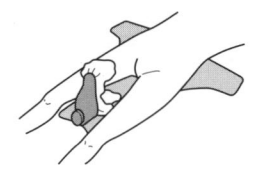

【図表2-4-8】専用パッドの装着方法③

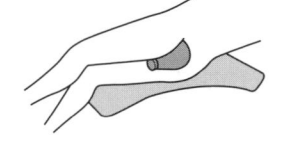

紙おむつをあてがう要領で、テープで固定します（**図表2-4-9**）。本体につながるホースをはめます（**図表2-4-10**）。

【図表2-4-9】専用パッドの装着方法④

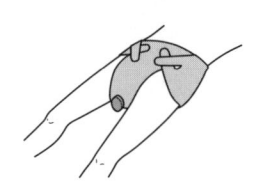

【図表2-4-10】専用パッドの装着方法⑤

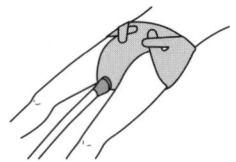

❷尿のみを吸引するタイプ

1）概要

　不織布のパッド内にある濡れセンサーが排尿を感知すると、電動ポンプが作動して尿を吸引し、蓄尿タンクに溜める方式をとっています。ポンプを含む本体がコンパクトなので、ベッド周辺での使用とバッテリーに切り替えて車いすでも使用できます（**図表2-4-11**）。

【図表2-4-11】尿のみを吸引するタイプ

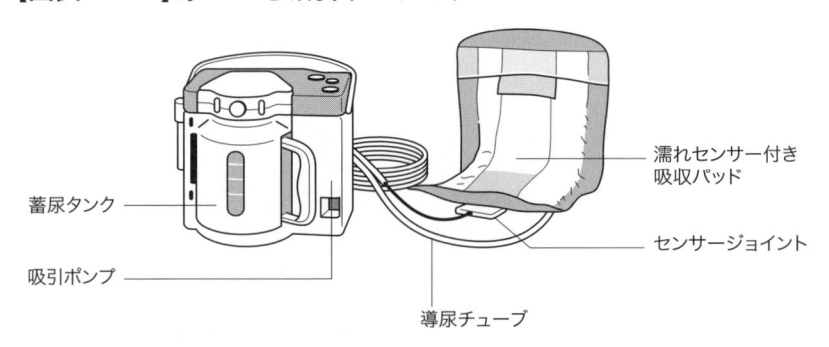

（蓄尿タンク／吸引ポンプ／導尿チューブ／濡れセンサー付き吸収パッド／センサージョイント）

2）機能

　尿吸収パッドは、繰り返し排尿があっても速やかに尿が吸引されて表面の濡れたべたつき感を少なくします。パッドは朝まで交換しなくて大丈夫なので、本人も介護労働者も安心して就寝できます。原則として紙おむつを下に敷くので、便が出たときでも寝具の汚れを防ぐことができます。男性用パッドは、陰嚢やお尻を濡らさない構造になっています。本体がコンパクトなので、充電して車いすに搭載しても使えます。脱臭フィルターが付いているものもあります。ポンプ作動音は、比較的静かです。蓄尿タンクを本体から取り出してトイレに尿を捨てます（**図表2-4-12**）。

【図表2-4-12】蓄尿タンク

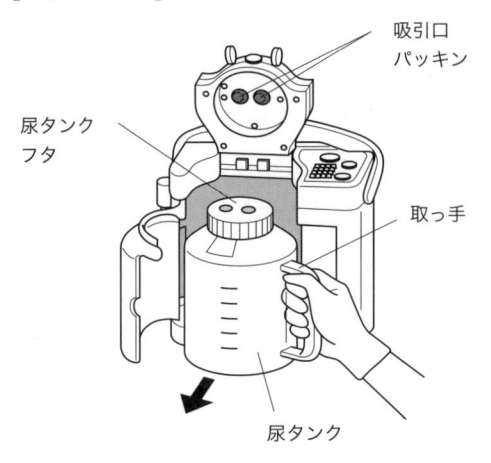

(図ラベル: 吸引口、パッキン、尿タンクフタ、取っ手、尿タンク)

3）適応

　トイレまで行けない人および自分では排尿の処理ができない人を前提として、尿意がないか定かでない人あるいは尿意はあるが夜間など介護力がなくなって排尿処理に困る場合が適応となります。

4）使い方

　男女とも仰臥位、座位の姿勢で使用できます。採尿パッドは、男女共用と男性専用の2種類（**図表2-4-13**）があり、1日1～2回を交換の目安とした使い捨てです。排尿回数と排尿時間を自動的に計測できます。排尿初期の尿量が多い女性では、漏れに注意して、下に一般の尿吸収パッドを1枚敷いておくと安心です。

【図表2-4-13】装着方法

男女共用パッドの装着方法

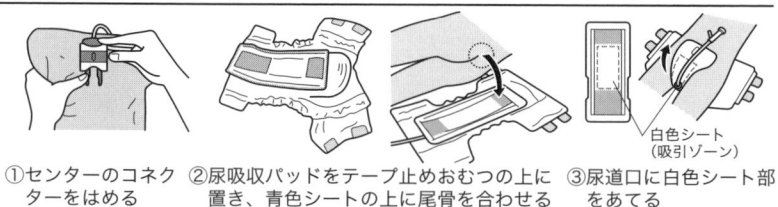

①センターのコネクターをはめる
②尿吸収パッドをテープ止めおむつの上に置き、青色シートの上に尾骨を合わせる
③尿道口に白色シート部をあてる(白色シート(吸引ゾーン))
④紙おむつの縁部を鼠蹊部に密着させる
⑤紙おむつをあてる要領でテープを止める
⑥紙おむつ装着後、ネットパンツでパッド類の密着度を高める。さらに、腹部に出たチューブに布製のカバーをするなどの工夫をするとかぶれない

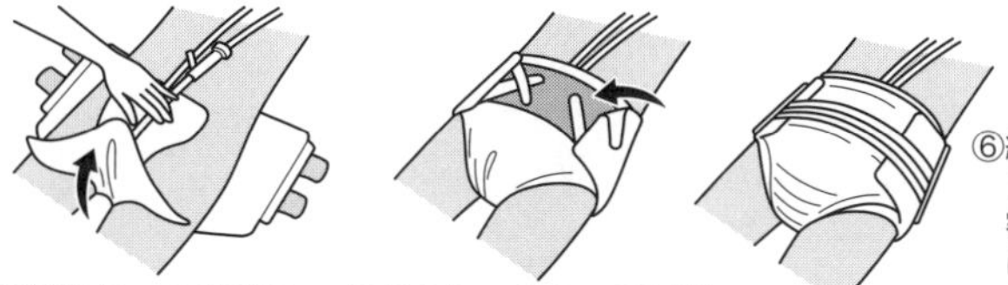

男性用パッドの装着方法

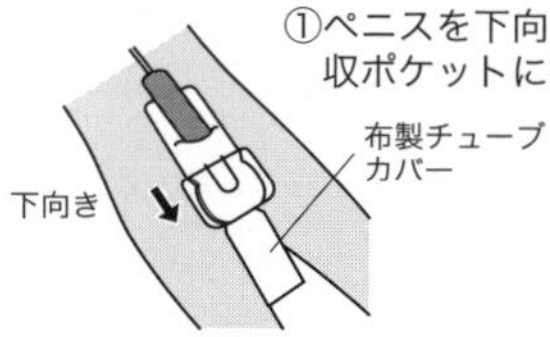

①ペニスを下向きにして吸収ポケットに挿入する(布製チューブカバー、下向き)
②吸収ポケットと陰嚢の間に、柔らかい紙パッドやガーゼを挟むと快適性が増します(紙パットを挟むと陰嚢がらくになる)

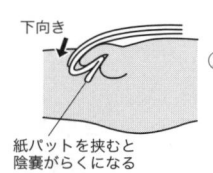

(5) 導入事例とコストパフォーマンス

機器のタイプ別の使用事例と費用対効果を示します。

■1 尿および便処理タイプ

自動排泄処理装置(専用パッド併用型)使用事例　Case1

疾患名	転倒による大腿骨頚部骨折
性別・年齢・要介護度等	女性78歳　要介護5　ブリストルスケール5
主な介護者	嫁・ホームヘルパー
使用前の生活や困っていたこと	骨折の影響で股関節可動域が制限され、頻尿による頻繁なおむつ交換
用具の入手方法	ケアマネジャーからの紹介で販売店のサポートにより自費購入
使用後の生活	●特殊尿器の使用に慣れてからは失敗もなくなり、頻繁なおむつ交換が減少し居室の臭いが解消された ●1日9時間程度使用

第2章　福祉機器を導入すると業務が変わる

自動排泄処理装置（専用パッド併用型）使用事例　Case2

疾患名	脳梗塞
性別・年齢・要介護度等	女性73歳　要介護5　ブリストルスケール7
主な介護者	夫・娘（看護師）・ホームヘルパー
使用前の生活や困っていたこと	●意思の疎通が不可能であり、人工呼吸器、酸素吸入を使用 ●去痰、胃ろうでの生活で介護による疲労が大きい
用具の入手方法	国際福祉機器展で検討しレンタル
使用後の生活	●夕方より翌朝にかけて用具を装着使用 ●夜間熟睡できるので介護労力が大幅に軽減された ●部屋の臭いが解消された ●1日12時間程度使用

自動排泄処理装置（専用パッド併用型）使用事例　Case2における費用対効果

内訳	サービス内容 （要介護度5）	回数（時間）		金額（円）		
		自動排泄処理装置 導入前	自動排泄処理装置 導入後	自動排泄処理装置 導入前	自動排泄処理装置 導入後	削減金額（月額）
ケアプラン	身体介護・早朝	月22回	なし	65,811	0	-65,811
	身体介護・昼間	月9回	月9回	21,530	21,530	0
	身体介護・昼間	月18回×2	月18回×2	86,140	86,140	0
	身体介護・夜間	月22回	月22回	65,810	65,810	0
	身体介護・深夜	月22回	なし	78,970	0	-78,970
	生活介護	月13回	月13回	86,710	86,710	0
	訪問入浴	週1回	週1回	62,500	62,500	0
	福祉用具貸与	毎日	毎日	23,000	23,000	0
	小計			490,471	345,690	-144,781
その他	おむつ交換 （おむつ代）	1日6回・6枚	1日3回・3枚	23,400	11,700	-11,700
	自動排泄処理装置 レンタル料		毎日 （利用12時間）	0	25,000	+25,000
	専用カバー代		1日1回・1枚	0	10,000	+10,000
	費用合計			513,871	392,390	-121,481
費用負担	うち介護保険給付額	-	-	322,470	311,121	-11,349
	介護保険自己負担額	-	-	168,001	34,569	-133,432
	その他自己保険額	-	-	23,400	46,700	+23,300

※導入後は限度額（358,300円）内

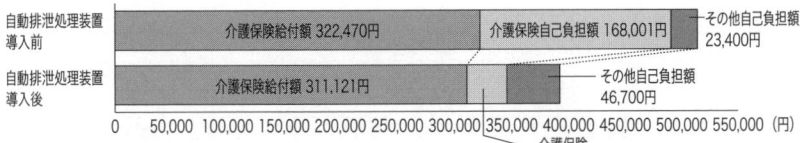

自動排泄処理装置導入前：介護保険給付額 322,470円／介護保険自己負担額 168,001円／その他自己負担額 23,400円

自動排泄処理装置導入後：介護保険給付額 311,121円／介護保険自己負担額 34,569円／その他自己負担額 46,700円

※自動排泄処理装置導入前は医療依存度、介護依存度ともに高く、自己負担も大きかった。
※自動排泄処理装置導入後は限度額358,300円以内に収まり、自己負担額が軽減できた。

自動排泄処理装置（専用パッド併用型）使用事例　Case3

疾患名	ALS（筋萎縮性側索硬化症）
性別・年齢・要介護度等	女性70歳　要介護5　ブリストルスケール6
主な介護者	夫・介護サービス事業者
使用前の生活や困っていたこと	家族（主人）の介護力が低下し、特に夜間の排泄の問題が大きかった
用具の入手方法	介護保険の特定福祉用具として購入
使用後の生活	「この用具がなかったら、介護生活が継続できなかったかもしれない」と主人の意見

2 尿のみタイプ

自動吸引式集尿器吸収パッド装着型の使用事例　Case1

疾患名	脊髄障害
性別・年齢・要介護度等	女性76歳　要介護2（日常生活はほぼ自立）　便失禁はない
主な介護者	夫
使用前の生活や困っていたこと	●夜間は尿取りパッドを使用していたが、翌朝はびしょ濡れ状態 ●隣で就寝している主人に負担を掛けたくないので朝まで我慢している
用具の入手方法	介護保険の特定福祉用具として購入
使用後の生活	●使い始めは尿が吸引されているか心配だったが、現在は吸引が始まると安心感に変わった ●安眠できるので気持ちにゆとりができた

自動吸引式集尿器吸収パッド装着型の使用事例　Case2

疾患名	くも膜下出血
性別・年齢・要介護度等	女性41歳　要介護5　便失禁はない
主な介護者	両親（夜は母親）
使用前の生活や困っていたこと	まったく身体が動かず足も変形して、夜間のおむつ交換に困惑し、介護による寝不足感が大きい
用具の入手方法	介護保険の特定福祉用具として購入（1週間の試用後）
使用後の生活	●夜間の介護が完全になくなったわけではなく、体位交換は欠かさず行っている ●褥瘡も良くなってきて本人のQOLも向上してきた

（6）最後に

　自動排泄処理装置は2012（平成24）年に介護保険の福祉用具貸与の対象となり、少しずつですが、我が国の介護現場で使われ始め、重度の障害のある人の便と尿を含めた排泄を快適にし、かつ介護労働者の労力を軽減しつつあります。

このように自動排泄処理装置を正しく適応することで、その人のQOLは確実に向上することが実証されつつあります。また、人口減少や高齢化に伴い働き手が減る中、自動排泄処理装置を活用することで介護の生産性を向上させて収益拡大を図り、働く人の賃金上昇につながることが、大いに期待されています。

　排泄は、日常生活動作の中でも羞恥心、自尊心を伴い、なおかつ手厚い介護を必要とされる行為です。このような排泄介護にロボット機能を持つ用具を導入するためには、用具の理念、安全性を含んだ幅広い視点と機構的配慮が不可欠ですが、自動排泄処理装置は、それぞれの用具開発者が直面する安全性、使用性、快適性などの課題に慎重に取り組んだ結果、安心して使用できる用具として普及していることがわかります。

　本節では、用具の適応のあり方、安全性、使用の快適性、介護負担の軽減について執筆しました。実際の使用状況を理解していただけるように各タイプの代表的な使用事例も記載しました。ただし、実際に自動排泄処理装置を使用して排泄のQOLを高める支援を行うためには、本節の内容を参考にして、本人の気持ちや身体状況、介護状況などを含めて医師等の専門家と相談し、用具の衛生性の保持や取り扱い方などについて福祉用具貸与・販売事業者と相談し検討してください。

　自動排泄処理装置といっても複数の機器が商品化されているため、ここに記載した以外の課題の発見もあると思います。是非皆様のご意見もいただきながら、「自動排泄処理装置」の実用性と有効性をさらに高めていくことに協力できることを私たちは願っています。

＊本節は、公益財団法人テクノエイド協会の「福祉用具シリーズVol16　QOLを高める特殊尿器の有効活用」をもとに編集いたしました。詳細は以下のホームページをご参照ください。
http://www.techno-aids.or.jp/research/vol16.pdf

5 可搬型階段昇降機を導入すると生活行動範囲が広がる

（1）はじめに

■1 高齢者、身体障害者の外出を妨げる阻害要因

　下肢に障害のある身体障害者や高齢者にとっては、エレベーターの設置義務のない古い公団住宅の階段、坂道等が多い、住宅の外階段などがバリアとなって外出を阻害する大きな要因の一つとなっています。特に、高齢者が高齢者を介護する状況では、外出するための手段として昇降する行為に危険が多く伴います。

　このような状況で階段を昇降するケースでは、一般的にはおんぶや抱っこ、あるいは2人以上の介護労働者で車いすごと抱えて昇降するといった人的介護が主な手段となっていますが、これは介護労働者の身体的、精神的な負担はもちろん、介護される側にとっても介護労働者への気遣い、階段昇降の安全・安心に対する精神的な負担があります。

　このような問題を解決する手段の一つとして可搬型階段昇降機が挙げられます。可搬型階段昇降機は設置工事が不要で、しかも介護労働者が1人で操作し階段昇降介助が行えるという利点があり、高齢者や身体障害者の外出機会の確保ができます。在宅で生活する人にとっては、デイサービス、通院、散歩等の機会を担保し、かつ利用者の生活の質を高める福祉機器として、また、在宅生活を支援する家族、ホームヘルパー、介護支援専門員などの介護労働者にとっては、腰痛を予防する機器として、有効です。

❷ 介護保険制度に導入された背景と制度

　階段の昇降に有効な可搬型階段昇降機の操作には技術が要求され、操作を誤ると利用者のみならず、操作者までも転落させる大きな事故につながる危険性があります。

　危険性の問題の議論は、2005（平成17）年8月30日開催の第3回介護保険福祉用具・住宅改修評価検討会（以下「検討会」という）で、可搬型階段昇降機の介護保険制度新品目導入に対し、積極的な推進を図ってきましたが、検討会直前（同年7月30日）にハード的な問題ではなかったものの大きな事故が発生してしまい、検討会では可搬型階段昇降機の安全性が担保されるまで保留扱いになりました。その後、第4回検討会（2008〔平成20〕年10月8日開催）、第5回検討会（同年10月21日開催）で再度検討事項として議論され、協議の結果、①可搬型階段昇降機の有用性は非常に高いこと、②一部の保険者では既に対象品目として導入されていた等のことから、階段移動用リフト（可搬型階段昇降機）の正式導入が了承されました。介護保険制度では利用者・操作者の安全確保のため、操作者に対して福祉用具貸与事業者が実施する安全指導やモニタリングを受けることを義務づけ、確実な使用が可能との証明が得られた人のみが操作できるという条件のもと対象となりました。また、可搬型階段昇降機を取り扱う福祉用具貸与事業者の責務として、利用者・操作者の安全確保を義務づけ、これらの担保として可搬型階段昇降機製造事業者等が実施する講習受講や留意事項等の掲示が義務づけられています。これらの条件を踏まえて2009（平成21）年4月より可搬型階段昇降機が介護保険制度における福祉用具貸与（車いす付属品、リフト）として位置づけられ、他の福祉機器では対応が困難な階段昇降に対する問題を解消する選択肢として幅が広がりました（**図表2-5-1、図表2-5-2**）。

【図表2-5-1】介護保険の給付対象となる福祉用具および住宅改修の取扱いについて（解釈通知）一部抜粋

(1)～(11)略
(12)移動用リフト（つり具の部分を除く）
　貸与告示第12項に掲げる「移動用リフト」とは、次の各号に掲げる形式に応じ、それぞれ当該各号に定めるとおりであり（つり具の部分を除く）、住宅の改修を伴うものは除かれる。
①床走行式
　つり具またはいす等の台座を使用して人を持ち上げ、キャスタ等で床または階段等を移動し、目的の場所に人を移動させるもの。
②固定式（略）
③据置式（略）

出典：（平成12年1月31日老企第34号）厚生省保健福祉局企画課長通知

【図表2-5-2】「厚生労働大臣が定める特定福祉用具販売に係る特定福祉用具の種目及び厚生労働大臣が定める特定介護予防福祉用具販売に係る特定介護予防福祉用具の種目」及び「介護保険の給付対象となる福祉用具及び住宅改修の取扱いについて」の改正等に伴う実施上の留意事項について（別添一部抜粋）

（別添）
第1　改正に伴う変更点及び留意事項等について

1 体位変換器（略）
2 移動用リフト（つり具の部分を除く）
　貸与告示第12項に掲げる「移動用リフト（つり具の部分を除く）」の床走行式については、解釈通知において、「床を移動し」としていたことから、水平方向、上下方向に移動するもののみを給付対象としてきたところであるが、今般、解釈通知を「床又は階段等を移動し」と改正したことにより、階段等の斜め方向に移動できるもの（以下「階段移動用リフト」という）を給付対象に含めることとしたものである。ただし、階段移動用リフトについては、転落等の事故の防止に留意しなければならないことおよび使用にあたっては主に利用者の家族、訪問介護員等（以下「利用者の家族等」という）によって操作されることが想定されるため、利用者の家族等によって安全に使用されなければならないことから、階段移動用リフトを指定福祉用具貸与または指定介護予防福祉用具貸与（以下「指定福祉用具貸与等」という）として提供される場合には、次に掲げる手続き等を経ること。

①指定福祉用具貸与等の提供を行おうとする福祉用具専門相談員が、階段移動用リフトの製造事業者等が実施している講習を受講し、かつ、当該講習の課程を修了した旨の証明を受けていること。
②福祉用具専門相談員が、サービス担当者会議等を通じて、利用者の家族等に対し、利用者の家族等の心身の状況およびその置かれている環境に照らして、階段移動用リフトの適切な使用のための助言および情報提供を行う等の必要な措置を講じていること。
③福祉用具専門相談員は、介護支援専門員または担当職員（以下「介護支援専門員等」という）が居宅サービス計画または介護予防サービス計画（以下「居宅サービス計画等」という）に指定福祉用具貸与等として階段移動用リフトを位置付ける場合にあっては、当該福祉用具の使用方法、使用上の留意事項等について十分な説明を利用者の家族等に行った上で、実際に当該福祉用具を使用させながら指導を行い、専門的な見地から安全性に十分に配慮してその要否を判断し、責任をもって提供を行うこと。
④指定福祉用具貸与事業者等は、階段移動用リフトの見やすい場所に使用にあたっての留意事項等を掲示し、利用者の家族等に対し、安全性に関する情報の提供を行うこと。
なお、車いすに装着等することにより一体的に使用するもので、車いす付属品として同様の機能を有するものについても、安全性の確保について同様に留意する必要がある。

出典：（平成21年4月10日老振発第0410001号）厚生労働省老健局振興課長通知

（2）可搬型階段昇降機の機能と特徴

■1 可搬型階段昇降機とは

　可搬型階段昇降機は、操作者のスイッチ操作によりクローラが作動し、クローラの山が階段をグリップすることによって階段昇降を行う「クローラ式」と、操作者のスイッチ操作により昇降アームや車輪が作動して階段昇降を行う「リフトアップ式」の2つに分けられます。階段昇降の操作はもっぱら操作者が行い、操作者が機器本体並びに利用者とともに昇降するもので、①単体で階段昇降の機能を果たす床走行式の移動用リフト（通称「階段移動用リフト」）、②車いすと一体的に使用して階段昇降する車いす付属品、③車いすと可搬型階段昇降機の複合的機能を持つもの、の3タイプに区分されます。

また、設置工事が不要で、利用したい階段まで持ち運んでどこでも使用できるという利点がありますが、操作上バランスを崩すと転倒、あるいは転落するという安全上の問題もあり、利用する操作者は事前に十分な操作練習が必要です。

❷主要機種の機能、特徴と基本メンテナンス
　クローラ式は、らせん階段などの曲がり階段では使用できないなどの制限はありますが、階段昇降中または停止中において車体のバランスを取るといった操作が必要なく、操作者による技量のバラツキが少ないのが特徴です（**図表2-5-3**）。

【図表2-5-3】クローラ式可搬型階段昇降機

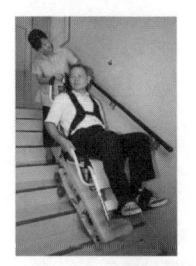

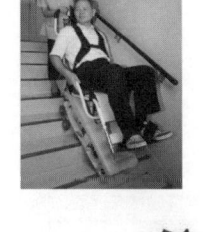

【特徴】	ゴムのクローラの山が階段をグリップし昇降する。車いすを装着するタイプと、人が乗るタイプの2種類3機種がある。
【適応】	階段角度38度以下、階段の幅90cm以上（直線階段70cm以上）、蹴上げ20cm以下、階段の段鼻間ピッチ34cm以下の階段、踊り場奥行きが95cm以上あれば旋回可能（機種により異なる）。
【長所】	階段昇降中または停止中において車体のバランスを取る等、感覚的に操作する部分がなく、操作者による技量のバラツキが少ない。
【短所】	らせん階段のような曲がった階段では使用できない等の利用環境においての制限がある。

　リフトアップ式は、比較的急な階段やらせん階段などの曲がり部分がある階段でも使用できる上に、最近ではセンサーを内蔵し、自動的に段差の高さに応じた昇降動作を行う機種や、前方への転落を

【図表2-5-4】リフトアップ式可搬型階段昇降機

① 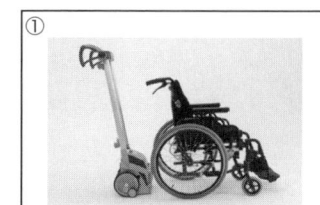 ② 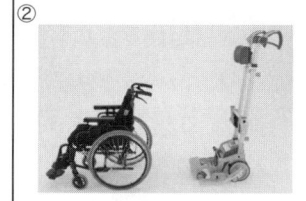 ③ 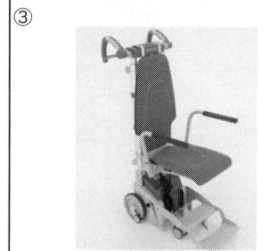	【特徴】 操作者が荷重バランスを取りながら、スイッチ操作をすることにより4本の車輪が内輪2本・外輪2本交互に作動し、人が歩くように階段の昇降を行う。 ①車いすに取り付けるタイプ ②車いすを抱えるタイプ ③椅子と一体になったタイプ があり、使用環境によって選定する。
	【適応】 階段の幅70cm以上（機種により異なる）、蹴上げ21cm以下（機種により異なる）、踏み面12cm以上（機種により異なる）の階段、踊り場奥行きが80cm以上あれば旋回可能（機種により異なる）。
	【長所】 本体がコンパクトであり、直線階段のみならず、らせん階段や曲がり階段、狭い踊り場や急な階段での使用が可能。
	【短所】 操作には一定の技術と体力が必要で、使用に際し事前に十分な練習が必要。
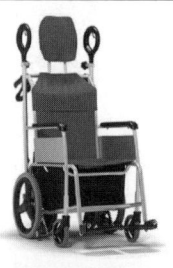 	【特徴】 介助用車いすを基に階段昇降機能を付加したもので、段差の高さに応じた昇降動作を行う。
	【適応】 通路の幅80cm以上、蹴上げ21cm以下、踏み面24cm以上の階段、踊り場奥行きが120cm以上あれば旋回可能。
	【長所】 介助用車いすを基にしているので、平地走行から階段昇降まで一連の移動がスムーズに行える。
	【短所】 一戸建ての2階への階段は踏み面が狭くて適応できない場合が多い。透かし階段は、安全を優先して適用外としている。

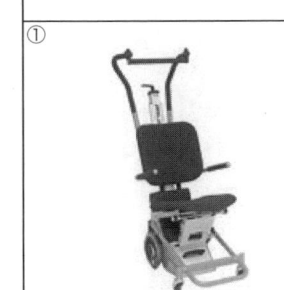

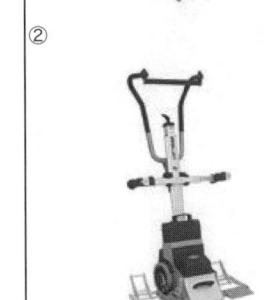

	【特徴】 操作者がスイッチ操作をすることにより、昇降アームが本体をリフトアップして、階段や段差を昇降する。
	【適応】 階段角度45度以下、階段の幅60cm以上（機種により異なる）、蹴上げ21cm以下、踏み面17cm以上の階段（機種により異なる）、踊り場奥行きが90cm以上あれば旋回可能（機種により異なる）。
	【長所】 本体がコンパクトであり、らせん階段や曲がり階段、狭い踊り場や急な階段での使用が可能。また昇降中の前方への転落を防止する安全装置付きの機種もある。
	【短所】 操作には一定の技術、体力が必要であり、使用に際し十分な操作練習が必要。
① ②	【特徴】 操作者のスイッチ操作により、リフティングフレームが本体をリフトアップし、階段や段差を昇降する。 ①椅子タイプ ②車いす取り付けタイプ がある。
	【適応】 階段の幅90cm以上（機種により異なる）、蹴上げ21cm以下、踏み面20cm以上の階段、踊り場奥行きが90cm以上あれば旋回可能（機種により異なる）。
	【長所】 本体がコンパクトであり、狭い踊り場や急な階段での使用が可能。締め付けネジを緩めるだけで、扱いやすい3つのユニットに分割でき、軽量で収納も簡単。
	【短所】 操作には一定の技術、体力が必要であり、使用に際し十分な操作練習が必要。

第2章　福祉機器を導入すると業務が変わる

防止する安全装置がついた機種もあります (**図表2-5-4**)。

　可搬型階段昇降機は、人を乗せて階段を昇降させる福祉機器のため、日頃から正常に作動するか点検しておくことが重要です。日常点検は可搬型階段昇降機の操作者が日常使用していくなかで、操作者自身の責任において行う点検であり、最低限下記の項目について点検が必要です。

1）バッテリーと充電

　各社の可搬型階段昇降機のバッテリーは、鉛シールドバッテリー等が使用されています。シールドバッテリーは保守不要ですが、使用後、専用充電器で適正に充電しなければバッテリーの寿命を著しく短くすることにつながります。

　バッテリーの寿命は充電回数により異なりますが、鉛シールドバッテリーの場合、通常約200回前後の満充電（完全放電してしまってから満充電になるまで）と、約400回前後の補充電（使用した容量を満充電に戻す）ができます。毎日補充電ベースで使用するとして、通常であれば約1年半前後の寿命となります（詳細は各メーカーの取扱説明書を参照）。長期未使用の場合は、最低1か月に1度の補充電を行うことが望ましいです。また、バッテリーの容量は使用環境下の気温によって大きく左右されるので、時期や保管場所によって能力の差が出ることもあります。さらに専用充電器を使用している中でも充電プラグの抜き差しが荒かったりすると、充電器の内部配線が断線し、表示は満充電になったとしても十分な充電ができていないことがあり、それが原因でバッテリーの突然の容量低下を引き起こすこともあるので、充電器自体が適正に機能しているかどうかも日常点検の重要な項目の一つとなります。

2）ラバー系部品の点検

　昇降機能を持つ駆動輪や昇降脚端、走行ベルトのようなラバー系部品は、ゴミや汚れが付きやすく、特に油分等はラバーを変質させたり、スリップ事故の原因になったりするので、日常よく確認し水またはお湯で湿らせた布や歯ブラシ等で、ゴミや汚れを掃除します。また、亀裂、摩耗等の有無も点検し、発見したら使用を中止します。

3）落下防止ブレーキの点検

　可搬型階段昇降機には、各社独自の落下防止ブレーキが装備されています。ブレーキ部分のゴミや汚れは、ブレーキの効きを悪くする原因となるので、これも布や歯ブラシ等で、ゴミや汚れを掃除します。また、同時にブレーキがいつもと同じ状態で効くか絶えず点検し、ラバー系部品と同様に不具合を発見した場合は、使用を中止します。

4）スイッチ、センサー、表示ランプの点検

　操作スイッチ、位置センサー、表示ランプの形状等は可搬型階段昇降機の機種によって異なりますが、これらの機能が正常に作動しているか、始動前の点検が必ず必要です。

5）座席部の点検

　利用者が直接座る座席部は、いす、フレーム自体のゆるみや部品の欠損などを点検します。

　このような日常の保守点検は、可搬型階段昇降機を正しく有効に利用するためには欠かせないことですが、操作者側が日常点検できる項目には限りがあるため、製造事業者による定期的な点検（電気

系、駆動系、フレーム、バッテリーパック部、専用充電器、各部の締め付け、駆動テスト、清掃等)を推奨します。

(3) 可搬型階段昇降機を安全に使用するために
■1 可搬型階段昇降機安全推進連絡会の役割

　階段移動用リフト(可搬型階段昇降機)の介護保険貸与品目への導入が、操作者の指導を条件に認められた直後から、公益財団法人テクノエイド協会では、可搬型階段昇降機の取り扱い企業(製造事業者2社、輸入総代理店2社)と個別協議を行い、安全性を担保するため操作者へ適切な操作指導を行える人材養成のための研修制度の構築、安全への取り組み等を推進するため可搬型階段昇降機安全推進連絡会準備会の設立を経て、正式に可搬型階段昇降機安全推進連絡会を発足しました。

　可搬型階段昇降機安全推進連絡会では安全性を担保するため、以下の①〜⑦を定めています。

①可搬型階段昇降機安全指導員講習として、事業者に安全性確保のための知識と心構えを習得させる「基礎講習」と、可搬型階段昇降機安全推進連絡会の会員企業が機種別に行う操作並びに指導法習得のための実技「機種別講習」の実施

②購入またはリース並びにレンタル卸を利用している福祉用具貸与事業者(卸・レンタル卸を行っている福祉用具貸与事業者を含む)に対し、可搬型階段昇降機安全指導員講習の修了を前提に、可搬型階段昇降機安全推進連絡会の会員企業は商品を販売すること。また、レンタル卸専業事業者については、卸し先の福祉用具貸与事業者に対し、可搬型階段昇降機安全指導員講習の修了を前提に卸すこと

③可搬型階段昇降機全メーカーの全機種にシートベルトを標準装置すること
④可搬型階段昇降機本体へ操作上の禁止事項シールの添付を義務化
⑤使用環境項目を策定し、各社の取扱説明書への記載の義務化
⑥全機種共通の「操作者の適応条件」の遵守
⑦事故報告の義務化

　一度事故が発生してしまうと可搬型階段昇降機全体が危険というレッテルを貼られてしまう恐れがあります。可搬型階段昇降機安全推進連絡会では、これに対する危惧を払拭するため、一気に販路を開拓し、製品の拡大路線をとることを選ばず、事故を起こさない着実な普及を選択しており、安全に対する考え方を理解し、操作指導の指導技術を身に付けた福祉用具貸与事業者等が着実に増えていくことを期待しています。

2 可搬型階段昇降機安全指導員制度

　福祉機器の利用の目的では、利用者の自立促進と介護負担の軽減がありますが、近年では介護労働者の腰痛予防も目的の一つとなっており、福祉機器を上手く利用できれば、利用者・介護労働者にとって有効な支援方法の一つとなります。

　しかしながら、福祉機器を利用することは、同時に福祉機器自体の不具合、福祉機器と使用環境の不適合、ヒューマンエラーなどによって事故の危険性も包含しているともいえます。特に身体に影響を及ぼす事故は、ヒューマンエラーに起因するものが多く、さまざまな対策が必要となってきます。

　そのなかで最も有効な方法は操作指導です。福祉機器を上手く使いこなせることがまず大切で、可搬型階段昇降機はその代表的な福祉機器であるといえます。

このような状況から2009（平成21）年4月から介護保険制度に可搬型階段昇降機が導入されるにあたり、厚生労働省は安全性確保のために、操作者に福祉用具貸与事業者等が実施する安全指導等を受けることを義務づけ、確実な使用が可能との証明が得られた人のみが操作できることと定めました。したがって、福祉用具貸与事業者には「安全な利用を指導できる能力」が求められ、操作者が可搬型階段昇降機を安全に取り扱えるようにするため、操作方法を適切かつ安全に指導できる福祉用具貸与事業者の人材養成として可搬型階段昇降機安全指導員制度が設けられました。
　可搬型階段昇降機安全指導員になるためには、可搬型階段昇降機安全指導員の役割と心構え、可搬型階段昇降機の機能と特徴、適応範囲と条件、貸与までの手順、事故と安全対策の考え方を学ぶ「基礎講習」と、可搬型階段昇降機安全推進連絡会の会員企業が機種別に行う操作並びに指導法習得のための実技「機種別講習」を受講し、公益財団法人テクノエイド協会に可搬型階段昇降機安全指導員として申請することにより可搬型階段昇降機安全指導員の資格が付与されます。ただし、申請することができる福祉用具専門相談員の条件を、「現在、福祉用具専門相談員として在宅で利用者に接し、選定・適合業務（事務・消毒・搬出入のみの業務担当者を除く）に2年以上従事し、車いすの取扱い並びに移乗介助が適切に行えるレベル」とし、利用者や操作者の安全性の確保を十分担保でき責任の取れる人材を養成し普及を図っているところです（**図表2-5-5**）。

❸適用範囲と条件
1）使用環境の条件
　可搬型階段昇降機は、その構造により適応できる階段に制限があります。階段の適用範囲は、踏み面（表面の状態、縁の状況、異物

【図表2-5-5】可搬型階段昇降機安全指導員養成体制

```
┌─────────────────────┐       ┌─────────────────────┐
│    基礎講習修了      │   ＋   │    機種別講習修了    │
└─────────────────────┘       └─────────────────────┘
                                ※機種別講習修了証明は
                                  交付日より2年間有効
              ↓
          両講習を修了後
      可搬型階段昇降機安全指導員資格認定申請
```
※可搬型階段昇降機安全指導員の申請条件
「現在、福祉用具専門相談員として在宅で利用者に接し、選定・適合業務（事務・消毒・搬出入のみの業務担当者を除く）に2年以上従事し、車いすの取扱い並びに移乗介助が適切に行えるレベル」を有すること

の有無、滑り止め、面の傾斜等）、蹴上げ、蹴込み、踊り場、階段の寸法（踏み面と蹴上げが基本、段数等）を考慮する必要があります。

また、踊り場に物が置いてあったり、照明が不十分、階段を利用する歩行者が多いか、狭い階段でのすれ違い等の階段周辺に関する状況についても考慮する必要があります（**図表2-5-6**）。

2）操作者の条件

可搬型階段昇降機の利用に際しては、操作指導を受けることが前提で、操作者に求められる条件は以下のとおりとなります。

(a)年齢：原則16歳以上70歳以下

自動二輪の免許取得年齢と同じように16歳以上とし、平衡感覚や体力低下を考慮して70歳以下としています。

(b)身長：原則150cm以上

操作者が車体を支えるときにハンドルは梃子（てこ）として働きます。ハ

ンドルを支える力を軽減するには、梃子の原理によりハンドルを適度に長くする必要があります。通常、身長が高い人はハンドルを長く伸ばすことができるので、ハンドルを支えやすくなり、身長が低い人の場合は負担が大きくなります。このため操作者の身長は150cm以上を目安としています。

(c)体重：原則45kg以上

　操作者には自分の身体を支えるとともに、ハンドルを支える力が必要になります。通常、この力は体重とともに大きくなるので、体重が重い人はハンドルを支えやすくなり、体重が軽い人の場合は負担が大きくなります。このため操作者の体重は45kg以上を目安としています。

(d)平衡感覚：後ろ向きに階段を昇ることができる

　可搬型階段昇降機のバランスを保つうえで平衡感覚が必要になります。単独で階段を昇降するときにふらつく人は、可搬型階段昇降機のバランスを保つことは難しくなります。また、可搬型階段昇降機を使用する際は、前向きで昇降することが通常の動作ですが、後ろ向きで階段を昇ることができる平衡感覚が必要になります。

(e)四肢の状況：両手・両足に不自由がなく、一定の握力を有していること

　ハンドルを支えながらスイッチ操作が適切に行えるよう、また、階段の踏み面に適切に足が置けるよう、両手両足が自由に使える必要があります。

(f)聴覚・視覚：聴覚・視覚に問題がないこと

　周囲の状況、踏み面の状況、利用者の状況など、周囲の注意を確認できることが必要になります。

(g)病歴：発作性の病気を持っていないこと

　昇降中に操作者がめまいや痙攣を起こすと、バランスを崩し転落

【図表2-5-6】可搬型階段昇降機　主要機種別使用環境の条件

メーカー	(株)アルペバジャパン			(株)サンワ	(株)サンワ	(株)TSテクノロジ	ナブテスコ(株)			(株)日本ケアサプライ	
機種	スカラモービル			ステアエイド	ステアフェア	トランサポータ	J-MAXシリーズ		C-MAX	PT-S	PT-Uni
	車いす仕様	ボード仕様	コンビ仕様	SA-S型	SC-3型 / SC-38型		J-COMPACT	J-SEAT			
階段の状況	—			らせん階段等の直線ではない階段は不可		透かし階段不可、踏込みは3cm以下	—			らせん階段、鋭角な曲がり階段は不可	
階段の角度	50度以下			35度以下	38度以下	—	45度以下				
階段の幅	70cm以上	80cm以上	70cm以上	90cm以上（直線階段70cm以上）		80cm以上	633cm以上	60cm以上	90cm以上	90cm以上	110cm以上
蹴上げ	80cm以上	110cm以上	80cm以上	100cm以上	95cm以上	120cm以上	1100cm以上	95cm以上			
踊り場の奥行き	21cm以下	20cm以下	21cm以下	20cm以上	21cm以下	21cm以下	21cm以下	17cm以上	21cm以上		
踊り場の幅	120cm以上			34cm以下（階段の段鼻間ピッチ）		24cm以上			20cm以上		
踏み面	均一な形状			—		平ら	平ら		平ら		
踏み面の状態	欠けてなく丸くない			—		欠けてなく丸くない	欠けていなく丸くない		欠けていなく丸くない		
滑り止め	—					5mm以下	—			5mm以下	

【図表2-5-7】可搬型階段昇降機　主要機種別利用者と操作者の条件

メーカー	機種		最大荷重	利用者条件	操作者能力
(株)アルパジャパン	スカラモービル	車いす仕様	160kg	体重120kg以下	15kg程度のキャリーバッグを片手で階段に引くことができる
		ボート仕様			
		コンビ仕様			
(株)サンワ	ステアエイド	SA-S型	150kg	体重120kg以下で座位が保てること／電動車いす、キャリーバーブレーキ付き車いすは不可／両足を太腿半分以上欠損の人は不可	－
	ステアフェア	SC-3型	130kg		
		SC-38型	135kg		
(株)TSテクノロジ	トランスポータ	－	－	体重90kg以下	利用者の体重の20%を支えられる
ナブテスコ(株)	J-MAXシリーズ	J-COMPACT	120kg	体重100kg以下	駆動部(約17kg)を持ち上げることができる
		J-SEAT		体重120kg以下	
		C-MAX			
(株)日本ケアサプライ		PT-S	100kg	体重100kg以下で座位が保てること	約15kgを持ち上げたまま10m移動ができる
		PT-Uni			

事故につながるおそれがあるので、発作性の疾患がないことが必要です。

これらのほか、階段を昇降するのに適した履物、体調不良時には操作しない、操作者は搭乗者との意思疎通（声掛け）を図る、利用者を乗せないで事前に練習するなど操作者として留意する必要があります（**図表2-5-7**）。

4 アセスメントから導入（貸与）までの流れとポイント

可搬型階段昇降機の介護保険利用者への貸与については、その前提条件として、「可搬型階段昇降機の操作予定者が、操作者の条件に適合していること」「可搬型階段昇降機の使用環境が条件に適合していること」の2つが必要になります。その上で、「操作者が可搬型階段昇降機安全指導員による操作指導を受け、操作者として適切であることを確認する種類を取り交わすこと」が条件となります。操作者の条件に適合していても操作指導において、可搬型階段昇降機安全指導員が最終的に不適切と判断した場合には、可搬型階段昇降機を貸与することはできません。

さらに可搬型階段昇降機安全指導員は、貸与後1か月以内および6か月ごとに操作者の操作技能について再評価を行い、その結果によって可搬型階段昇降機の継続的な貸与が認められることになります。

このように可搬型階段昇降機の貸与については、一般の福祉機器に比べて厳しい条件が付与されています。これは、可搬型階段昇降機がその操作を間違えれば重大事故に直結しかねない危険性もある福祉機器と認識されているためです。

1）アセスメント

　機種を選定したら実際の現場で実機によるアセスメントを行うことが重要で、利用者本人に利便性と安全性を体験してもらうことにより、利用者本人の恐怖心も取り除くことができ、可搬型階段昇降機を使おうとする意欲を持たせることにつながります。介護労働者側が納得したとしても利用者本人が嫌がるケースもあるので、福祉用具貸与事業者の実機によるスムーズなアセスメントは、納品までのプロセスの中で大きな役割を占めています。

2）操作指導

　操作指導は、可搬型階段昇降機安全推進連絡会が作成した「操作指導フロー」に沿って、使用する可搬型階段昇降機の取扱説明書で説明しながら実機を使って行います。ただし、利用者はもちろん操作者も高齢者である場合も多く、説明はできるだけ単純かつ明瞭で、難しい言葉、馴染みのない言葉は使わないで行うことが重要です（図表2-5-8）。

【図表2-5-8】操作指導フロー

実技項目	内容
導入	チェックシートで適用範囲（操作者、環境、履物等）の説明
各部の名称と働き	取扱説明書で基本構造（ハンドル、ブレーキ、スイッチ、表示部等）と昇降動作ならびに付属品の説明
組立方法	（必要に応じて）
操作練習	練習手順書に沿って操作練習、空車で動作を確認のうえ、人を乗せて練習
保守・点検	取扱説明書で点検項目を説明（充電、日常点検の箇所と異常の判断、消耗部品の交換方法）
安全対策	総合的な注意点
実技の確認	実技を振り返り、可搬型階段昇降機安全指導員と一緒にチェックシートを記入（使用の合否判定）

3）チェックシートによる確認

　操作指導を行った結果、操作者の操作技術について適当と判断した場合は、可搬型階段昇降機安全指導員と操作者の間でメーカー別の各機種のチェックシートを使用し、操作習熟度についてお互いですべての項目について確認し合い、その内容を記録します。すべての項目が適正と判断されたら、操作指導を受けた人を正式に可搬型階段昇降機の操作者として認めたことになります。

4）適合

　操作指導と合わせて、階段と可搬型階段昇降機の適合、可搬型階段昇降機と車いすの適合状況を確認します。

5）導入後の再評価

　可搬型階段昇降機は、特に階段上で使用する機器のため、適正な操作と保守管理による安全性の確保が第一義となります。そのため、導入後の再評価を可搬型階段昇降機安全推進連絡会として義務づけています。

　これらのポイントのほかにも、関係書類の整備、定期的なモニタリング、操作方法の繰り返し確認など重要な点が挙げられます（**図表2-5-9**）。

【図表2-5-9】介護保険制度における可搬型階段昇降機貸与までの流れ

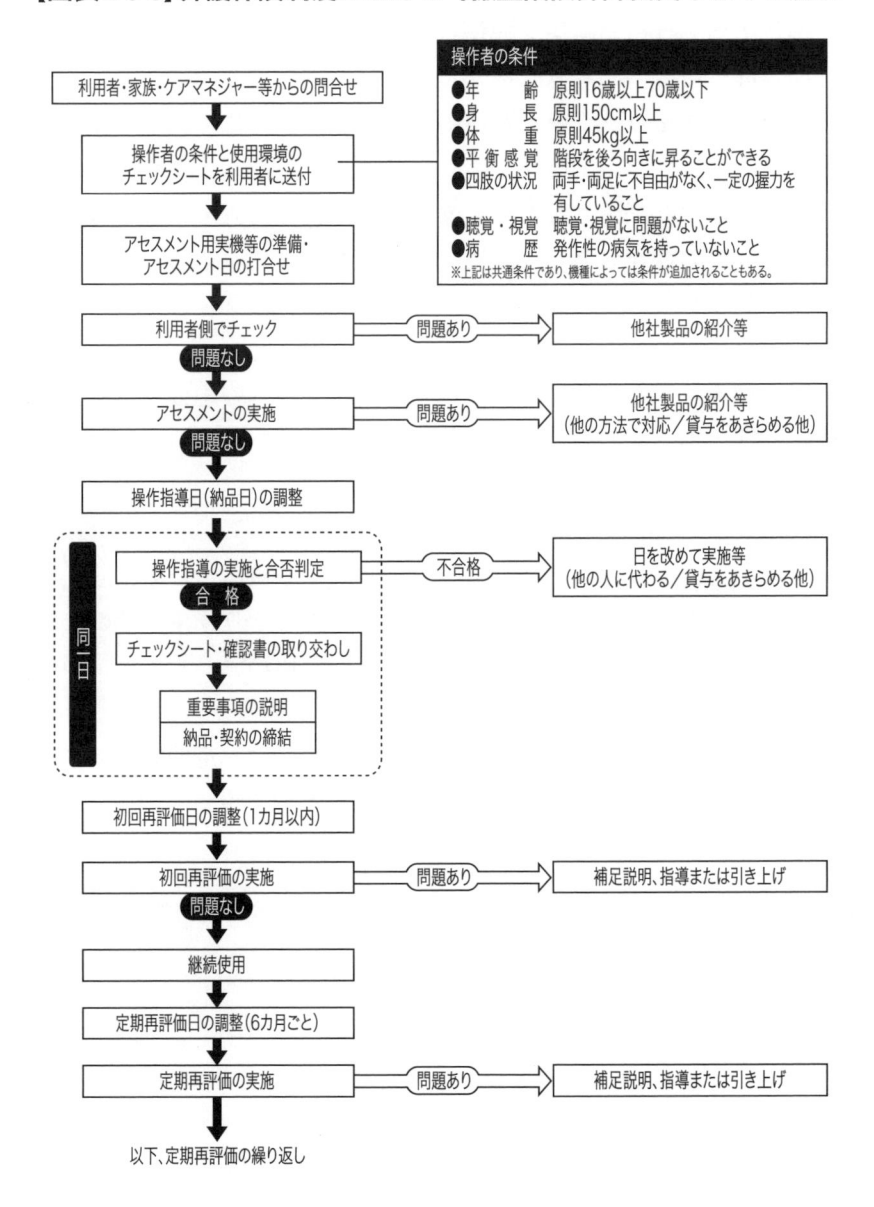

操作者の条件
- 年　　齢　原則16歳以上70歳以下
- 身　　長　原則150cm以上
- 体　　重　原則45kg以上
- 平 衡 感 覚　階段を後ろ向きに昇ることができる
- 四肢の状況　両手・両足に不自由がなく、一定の握力を有していること
- 聴覚・視覚　聴覚・視覚に問題がないこと
- 病　　歴　発作性の病気を持っていないこと

※上記は共通条件であり、機種によっては条件が追加されることもある。

```
利用者・家族・ケアマネジャー等からの問合せ
        ↓
操作者の条件と使用環境の
チェックシートを利用者に送付
        ↓
アセスメント用実機等の準備・
アセスメント日の打合せ
        ↓
利用者側でチェック ──問題あり──→ 他社製品の紹介等
   ↓問題なし
アセスメントの実施 ──問題あり──→ 他社製品の紹介等
   ↓問題なし              （他の方法で対応／貸与をあきらめる他）
操作指導日（納品日）の調整
        ↓
┌──同一日──────────────────────┐
│ 操作指導の実施と合否判定 ──不合格──→ 日を改めて実施等
│      ↓合格                        （他の人に代わる／貸与をあきらめる他）
│ チェックシート・確認書の取り交わし
│      ↓
│ 重要事項の説明
│ 納品・契約の締結
└─────────────────────────────┘
        ↓
初回再評価日の調整（1カ月以内）
        ↓
初回再評価の実施 ──問題あり──→ 補足説明、指導または引き上げ
   ↓問題なし
継続使用
        ↓
定期再評価日の調整（6カ月ごと）
        ↓
定期再評価の実施 ──問題あり──→ 補足説明、指導または引き上げ
        ↓
以下、定期再評価の繰り返し
```

（4）可搬型階段昇降機導入の効果

■1 可搬型階段昇降機の導入事例
【case1】一戸建てで15段の屋内階段の昇降

■**導入機種**：スカラモービル（コンビ仕様）
■**対象者**：男性50歳
■**操作者**：妻50歳、娘22歳
■**導入目的**：入浴のための階段昇降
■**導入前**：浴室が2階にあるため、入浴するためには15段の屋内折り返し階段を昇降しなければならなかった。補助をしながらでも相当の時間がかかり、冬場にはせっかく入浴しても身体が冷えてしまっていた。症状が進み歩行ができなくなることも考え、早い時期から可搬型階段昇降機の導入を考えていた。設置型リフトも検討したが家屋の構造上断念した。階段は手すりが付いた幅約80cmの木製で、踊り場の奥行きは90cm、踊り場から90度に1段上がり、また90度でコの字型に階段が続くため、旋回のスペースも限られていた。1段の高さが平均20.5cmで、踏み面も22cmであることから、スカラモービルのコンビ仕様を導入した。使用時の留意点として、体位保持ベルトとシートベルトを使用して搭乗者の座位を固定。妻と娘に操作指導を行い、使用時にはどちらかが必ず下からバランスを補助することを条件に使用している。
■**導入後**：導入前までは妻と娘2人で2階への往復を支えながら行っていて、狭いため危険な場合もあったが、可

搬型階段昇降機導入後は、上下に2人がついて無理なく昇降ができるようになったので、本人のみならず家族の介護負担も大きく軽減されている。

【case2】デイサービス利用時の送迎
- ■導入機種：スカラモービル（車いす仕様）
- ■対象者：女性83歳（高齢の夫と2人住まい）
- ■操作者：デイサービス送迎担当者
- ■導入目的：送迎時の階段昇降
- ■導入前：自宅からデイサービス送迎車までの間に階段があり、家族1人では階段昇降に対応できず、送迎担当者が複数で利用者を背負って移動していたが、狭い階段での転倒の危険性と、運ばれる側の不安に対する心理状態の影響、さらに送迎担当者の身体的負担も大きかった。
- ■導入後：送迎者1人で階段昇降が可能となり車いすのまま送迎車までの移動がスムーズになり、本人の意識も改善され積極的なデイサービスの利用が図られた。また、送迎担当者の身体的負担の軽減も図られた。

【case3】公団4階建てのコンクリート製階段55段の昇降
- ■導入機種：トランサポータ
- ■対象者：男性60歳代
- ■操作者：妻60歳代
- ■導入目的：外出、通院（週1回）
- ■導入前：通院のたびに妻に肩を抱えてもらいながらの不安定な階段昇降。対象者は心臓に疾患があり、休憩をと

りながらの昇降は時間がかかるだけでなく、本人にも妻にも負担が大きかった。通院以外の外出は控え、引っ越しも考えていた。
- ■導入後：本人も妻にも負担なく階段昇降することが可能となり、通院以外の外出が増えたことで行動範囲が広がった。散歩や買い物に夫婦で出かけられるようになって、日々の楽しみが増えた。

【case4】丘陵地の一戸建てコンクリート製階段25段の昇降
- ■導入機種：トランサポータ
- ■対象者：女性80歳代
- ■操作者：息子50歳代
- ■導入目的：通院、デイサービス（週2～3回）
- ■導入前：脳梗塞の後遺症で約1年間の病院でのリハビリを経て在宅で生活。後遺症による片麻痺の身体状況と、ゆるやかな階段を含めた25段の階段昇降は困難だった。
- ■導入後：主たる介護者である息子の1人介助で階段昇降が可能になった。階段を上った後は庭先から移動用リフトを使い、居室のベッドサイドまでスムーズな移動が行えるようになった。

【case5】公営住宅での急な階段の昇降
- ■導入機種：J-MAX（J-SEATモデル）
- ■対象者：男性70歳代
- ■操作者：家族、ホームヘルパー、デイサービス職員
- ■導入目的：外出時の階段昇降

■導入前：階段が共有部分であるため、独自判断での改修が困難。低層階への移住も希望者多数のため抽選となる。階段が急（35度以上）なうえに、踊り場が狭いので介護労働者や家族が背負って昇降した。デイサービス送迎時の階段昇降を断られる場合もあり、せっかくの有効なサービスを利用することができず、閉じこもり状態が続いた。

■導入後：デイサービスを利用できるようになったほか、通院時に息子やホームヘルパーがいなくても、妻1人の介助で階段昇降が可能になった。家族だけで好きなときに外出できるようになり、外出頻度が多くなり行動範囲も拡大した。神社や寺院など階段の多い場所へも積極的に外出するようになった。

【case6】丘陵地の一戸建てコンクリート製階段20段の昇降

■導入機種：J-MAX（J-COMPACTモデル）
■対象者：女性60歳代
■操作者：ホームヘルパー
■導入目的：通院時の階段昇降
■導入前：一人暮らしで人工透析のため週3回通院のため、ホームヘルパーが2人対応で階段昇降介助をしていた。ホームヘルパーの腰痛がひどくなり、階段昇降介助の継続が困難となったため可搬型階段昇降機の導入を検討した。
■導入後：女性のホームヘルパーが1人でも階段昇降介助を行えるようになり、これまでと同様に在宅での生活をしながら通院を継続することができた。さらに

ホームヘルパー2人対応のときよりも利用者の費用負担が軽減できた。ホームヘルパーを派遣していた事業所にとっても、職員の身体的負担軽減、腰痛予防につながるうえ、J-MAXの安全装置のおかげで安心感が増し、精神的にも楽に昇降介助が行えるようになった。

【case7】一戸建ての外階段の昇降

■導入機種：ステアチェア（SC-2）
■対象者：女性70歳代
■操作者：家族
■導入目的：外階段を昇降し外出
■導入前：1階はクリニックで2階に玄関・居室がある一戸建て。階段角度は27度で最初の7段を昇って踊り場、さらに直角方向に15段昇ったところに玄関ポーチがある。対象者は自力で階段を昇降していたが、右半身が麻痺しているため本人の負担が大きかった。昇降に時間がかかってしまうため、雨や風の強い日などは余計に体力を消耗した。60kgを超える体重のため、介助の負担も大きく転倒の危険性も含まれていた。据付型の階段リフトも検討したが、階段が直線ではないのでレール形状がオーダーメイドとなり経済的負担が大きいため、可搬型階段昇降機の導入を検討した。
■導入後：階段昇降での負担が解消され、家族1人でも不自由なく移動させることができるので大変満足している。階段上でも安定しており、狭い踊り場での旋回も問題なく行えるようになった。

【case8】集合住宅の5階からの昇降

■導入機種：ステアチェア
■対象者：男性58歳
■操作者：妻53歳
■導入目的：通院、外出時の階段昇降
■導入前：エレベーターのない5階建ての5階に居住しており、週1回の通院のたびに階段の昇降に苦労していた。購入したマンションであり、経済的にも住まいを変えることができずに困っていた。
■導入後：週1回の通院だけではなく、休日天気のよい日には夫婦で散歩にでかけ、日々楽しく過ごせられるようになった。

2 可搬型階段昇降機を導入する効果

　介護保険では、可搬型階段昇降機は福祉用具貸与として利用でき、必要がなくなれば返却できます。取り付け型の階段移動リフトに比べて経済的負担が少なくてすむことも大きな利点です。福祉機器の貸与価格としてはほかの福祉機器より高額に思われますが、ホームヘルパー2人による介助より費用負担も軽減されるケースもあります。

　また、介助者が抱えて階段昇降することによる腰痛予防、介護負担の軽減としても有効です。さらに、可搬型階段昇降機を使用した階段昇降は、人手による介助より安全で安心に昇降することができ、通院、デイサービスの利用や外出する機会が増えて、積極的な社会参加、QOLの向上にも大きな効果が期待されます。

第3章

福祉機器導入の具体的方法

1 福祉機器導入のための準備

（1）福祉機器の適用技術と福祉用具プランナー

　本来介護は、高齢者や障害者のできない部分を福祉機器や人手で助けることによって、動作ができるようにすることが求められています。そのためには福祉機器を活用した介護技術を身につけることが重要であることは第1章で述べました。しかし、介護労働者は福祉機器を使った介護の方法に関してはほとんど教育を受けていないか、受けていたとしても単に取り扱い方法や操作方法を聞いているだけでしょう。福祉機器を効果的に利用するには、個々の障害程度や日常生活などに合わせ、きめ細かい対応が必要です。特に高齢の要介護者の身体状況は、変化が起こりやすく、その変化に対応した福祉機器の適用を行うことが重要です。残念ですが、このように福祉機器を身体機能等に応じて使い分け、自分でできることを増やしていくという考え方は、介護現場にはほとんどない状況です。これでは福祉機器が適切に使われなくとも仕方がないかもしれません。

　それでは、どのようにしたら福祉機器のこのような適用技術（適応・選択・適合の下位概念から構成される）を身につけることができるのでしょうか。福祉機器の効果を発揮させるためには、福祉機器の選定、使用およびその取り扱い方などに関して専門知識やノウハウを介護業務に反映させることが望まれています。こうした判断が円滑に行われるために、公益財団法人テクノエイド協会では、この適用技術を身につけることができる「福祉用具プランナー研修」を全国で実施しています。

福祉用具プランナーとは、福祉機器を必要とする高齢者や障害者に対し、必要な福祉機器の選択を援助、適切な使用計画を策定、利用の支援および適用状況のモニター・評価まで行うことのできる専門家です。現在、福祉用具貸与事業者の福祉用具専門相談員、ケアプランを作成する居宅介護支援専門員、病院で福祉機器の選定相談・利用指導等を行っている作業療法士や理学療法士、社会福祉施設で福祉機器を利用している介護福祉士等が受講し、12,000名以上が資格を取得しております。

　なお、取得方法・カリキュラム・開催時期・開催場所は、公益財団法人テクノエイド協会のホームページ（http://www.techno-aids.or.jp/）で確認することができます。

（2）福祉機器導入制度は個人が前提

　介護保険制度をはじめ、第1章「福祉機器のこれまで、そして未来」で紹介した「日常生活用具給付等事業」などの福祉機器を給付する制度は、すべて個人を対象にしています。したがって、施設等のケアマネジャーが要介護者を支援して、給付が受けられるようにしなければなりません（「補装具費支給制度」（**図表3-1-1**）や身体障害者手帳の取得については、市町村の窓口で確認してください）。ただし、介護老人福祉施設や介護老人保健施設などの介護保険制度の施設サービスでは、介護保険制度の福祉用具の給付が受けられません（特定施設入居者生活介護の有料老人ホームや認知症共同生活介護のグループホーム等では、在宅と同様、給付が受けられます）。

　リフト・昇降機・段差解消機等は、介護労働者の省力化につながり、腰痛予防などに寄与しますから、これは第2節で紹介する制度を活用することができますが、車いすなどのパーソナルユースの物

は個人か施設側での対応になります（ただし、当該障害の身体障害者手帳交付を受けていれば、補聴器等は「補装具費支給制度」によって費用の一部が支給されます）。

したがって、施設で一番課題のある福祉機器は車いすだと考えられます。なぜならば、高齢者にとって車いすは、移動の手段でもありますが、日中を過ごすいすとしての役割が大きいからです。しかし、通常施設にあるような車いすは、パーソナルユース用でないため、長時間座るにはあまりにも多くの問題があります。車いすとそのクッション類のフィッティングが適切に行われれば、劇的に生活の質が良くなりますが、残念なことにその知識と技術を介護労働者は習得していないため、褥瘡発生のリスクが高い「ズッコケ座り」の高齢者が多い状況です。施設の介護の質を上げるために、パーソナルユースの車いすについては、是非導入を検討していただきたいと思います。

【図表3-1-1】補装具費の支給の仕組み

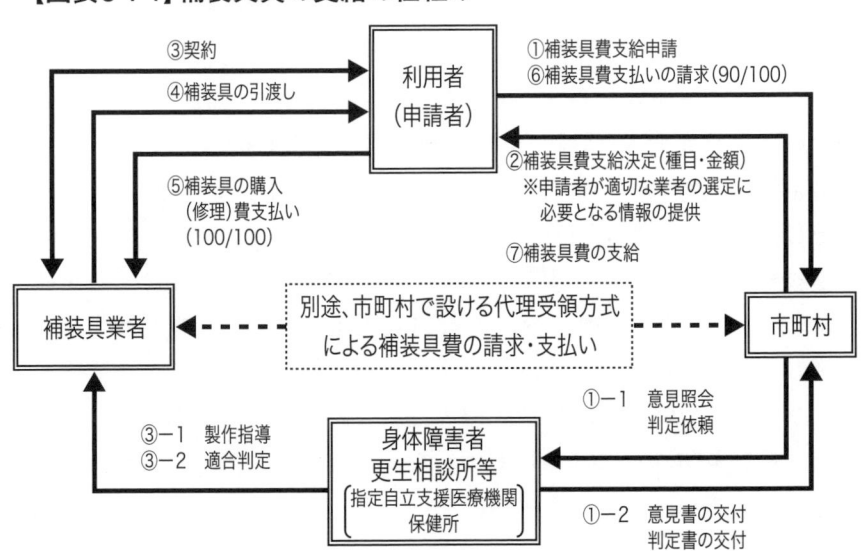

（3）福祉機器導入のための手順

　一般的に福祉機器導入の流れは、アセスメント（利用者の状況把握・介助作業の把握）→プランニング（課題の整理・福祉機器の選定）→福祉機器導入（フィッティング・使い方の習得）→モニタリング（状況確認・課題再発見）となります。

　施設の場合、利用者の身体状況はケアプランがありますから把握されていますが、その中で本人の意思の把握は大変重要です。福祉機器は導入すればそれなりに機能を果たしてくれますが、そこに本人が福祉機器という道具を精一杯使って自立したいという意思があってこそ、その機能が十分に発揮されるのです。したがって、意思の確認が重要ですが、「福祉機器を使いたいか？」という問いかけは意味がありません。できれば利用者の自立に対しての動機（散歩したい、施設の皆と過ごしたい等）を確認して、福祉機器とつなげるような導入方法がよいでしょう。またその際の、知的能力・コミュニケーション能力の把握の仕方には注意が必要です。老人性難聴のために意思確認を怠るようなことがないようにしましょう（詳細は第2章第2節参照）。

　また、介助作業の把握は、第2章第1節で説明した「介護作業者の腰痛対策チェックリスト」等を使いアセスメントしてください。ただし、この中にある「作業環境」なのですが、福祉機器が使用できる環境であるかも確認してください。

　次にプランニングの段階ですが、次のような視点でチェック（**図表3-1-2**）し、福祉機器を選定してください。

　福祉機器導入では、フィッティング（適合）と使い方の習得が重要です。最近の車いすなどは、利用者の身体に合わせて各部が調整できるようになっています。調整をしないで使用すれば二次障害の

【図表3-1-2】福祉機器選定時のプランニングの視点

①利用者と福祉機器は合っているか
　ⅰ身体のサイズと福祉機器が合っているか。体重は許容範囲内に収まっているか
　ⅱ残存機能を殺していないか（例：杖で歩ける人に車いすを与えてないか）
　ⅲ福祉機器を使って自立したいという意欲はあるか
　ⅳ本人の好みを無視してはいないか
②利用者や介護労働者がその福祉機器を使いこなせるか、また使う意欲はあるか
　ⅰ取り扱いやすいか、持ち運びや移動がしやすいか
　ⅱ操作方法が理解できるか
　ⅲメンテナンスや掃除が簡単か
③その施設で使える福祉機器か（出入り口の幅、廊下幅、段差、居室の広さ、床の状態など福祉機器を使う上で問題はないか）
④いくつかの福祉機器を導入する場合、機器同士のサイズ等は合っているか（例：ベッド面の高さ（ハイロー機能がない場合）と車いす等の高さが合っているか（合っていないと移乗が困難となる）また、リフトの脚部の高さとベッドのベース下部の空間サイズと合っているか（合っていないとリフト動かしてベッド下部へ脚部を差し込めないなど）
⑤制度利用のできる福祉機器か導入費用との関係で考慮する
⑥福祉機器としての性能はどうか
　ⅰ安全性、デザイン、素材はどうか
　ⅱ調整は簡単にできるか、部品の交換は可能か
　ⅲメーカーのアフターサービスはあるか

危険性（円背や床ずれ等）が高まりますので必ず調整機構が付いているものは調整して使用しましょう。また、福祉機器の納品時に行われる事業者の講習には、介護労働者を積極的に参加させ、福祉機器の操作方法・使用方法をマスターさせましょう。

　最後にモニタリングですが、定期的に福祉機器導入効果を把握し、効果が出ていないようであれば、福祉機器の交換など対策を検討しなければなりません。また、利用者の使用している福祉機器が、不適合を起こしている場合も施設の医療スタッフや納品事業者と検討し、必要な再調整・交換等を速やかに行う必要があります。

2 福祉機器関連情報の入手

(1) 福祉機器関連情報システムの活用

　利用者のアセスメントや介助作業のチェックが済むと、次に実際に導入する福祉機器を選定しなければなりません。公益財団法人テクノエイド協会は、数々の福祉機器関連情報システムを保有しており、協会ホームページからアクセスできる仕組みになっています。そこで、本節ではその概要と検索方法を紹介します。

(2) 福祉用具情報システム (TAIS)

1 概要

　TAIS (Technical Aids Information System) は、国内最大の福祉機器のデータベースシステムです。

　日本国内の福祉機器メーカーや輸入事業者から、企業情報（本社のみ）と用具情報を収集し、公益財団法人テクノエイド協会のホームページ (http://www.techno-aids.or.jp/) から関係者へ情報発信するシステムです。2014（平成26）年5月現在、639社、8,410件の情報を収録しています（**図表3-2-1**）。

【図表3-2-1】現在のTAISの登録状況

現在の登録状況(平成26年5月現在)

企業情報	639社
用具情報	8,410件

用具情報の内訳

大分類	件数	構成比
治療訓練用具	600件	7.1%
義肢・装具	17件	0.2%
パーソナルケア関連用具	1,304件	15.5%
移動機器	3,500件	41.6%
家事用具	21件	0.3%
家具・建具、建築設備	2,608件	31.0%
コミュニケーション関連用具	277件	3.3%
操作用具	17件	0.2%
環境改善機器・作業用具	38件	0.5%
レクリェーション用具	12件	0.1%
その他	16件	0.2%
合計	8,410件	100%

　すべての用具情報には「TAISコード」と「CCTA95(分類コード)」を付番しています。

　「TAISコード」は、5桁の「企業コード」と6桁の「用具コード」をハイフンで結んだ製品を特定するTAIS上の管理コードです。同コードは、市町村職員や介護支援専門員、福祉用具専門相談員等の情報共有に寄与しています。また、現在、厚生労働省では介護保険における福祉用具貸与の価格の適正化を積極的に推進しており、給

付する用具が特定できるよう同コードを取得している製品の請求時には、同コードを記入するよう厚生労働省から都道府県等へ説明しています。そして同コードを活用した価格情報の公表が進められています。

「CCTA95（福祉用具分類コード）」は、福祉用具の分類コードで、ISO9999に準拠して公益財団法人テクノエイド協会が1995（平成7）年に作成したものです。分類コードは、用具の機能面に着目して整理しており、構造は「大分類」・「中分類」・「小分類」の3層で、それぞれ2桁、計6桁の数字から構成しており、各分類コードには用具の定義があります。こうして用具情報をコード化分類することにより、検索の簡便化、統計場面での活用、用具情報の体系化等に役立てています。

福祉用具検索（**図表3-2-2**）には、いくつかの方法がありますが、どれも最終的には、「福祉用具詳細」の画面（**図表3-2-3**）にたどり着くよう設計されています。

【図表3-2-2】福祉用具の検索画面

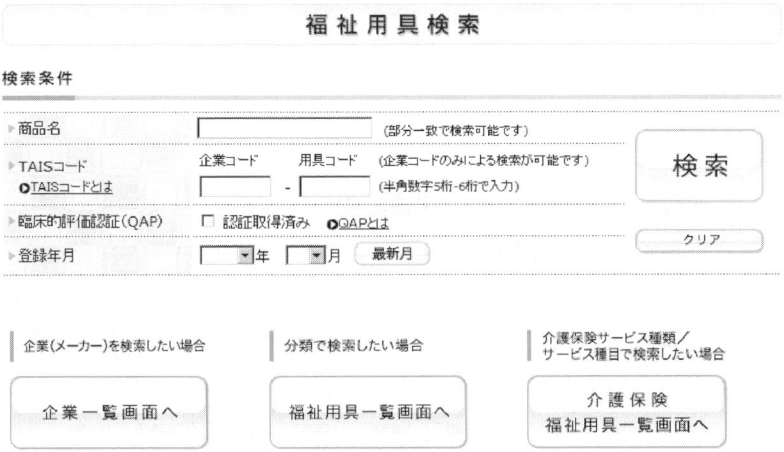

【図表3-2-3】福祉用具詳細の画面（一部）

商品名	車いす
製品型番	NC-1CB
TAISコード	00175 - 000242　この商品は臨床的評価認証（QAP）商品です。
分類	[1]122106:後輪駆動式車いす
発売年月	平成19年2月
カラー	チェック柄
希望小売価格	￥49,000
タイプ	手動自操
車いす最大外寸（縦）	970mm
車いす最大外寸（横）	640mm
車いす最大外寸（高さ）	（セミオーダー）880〜930mm
重量	13.2kg
シート幅	400mm
シート長	400mm
シート前座高	430mm
シート後座高	410mm
バックサポート高	400mm
バックサポート角度	96度
バックサポート形状	脱着不可・折りたたみ可
ヘッドサポート形式	なし
アームサポート形式	固定
アームサポート高	220mm
レッグサポート形式	固定
フットサポート形式	固定
フレーム折りたたみ方式	ダブルブレース

❷介護保険給付対象福祉用具情報の提供

　国内を流通する福祉用具のうち、介護保険において、保険給付の対象となるかどうかの判断は、保険者である市町村が厚生労働省の告示や解釈通知に基づき行う仕組みとなっていますが、福祉用具は機能や性能、構造などがさまざまで、また製品点数も多く、給付事務を行う市町村の職員が個別に判断することは容易ではありません。

　このようなことから、当協会では、TAISに登録されている福祉

用具に限って、保険者や利用者の参考情報となるよう保険給付の適否判断を行っています。しかし、これはあくまで告示等に合致するかどうかを見ているだけであって、製品の安全性や機能の効果を保証するものではないことに留意する必要があります。

TAISでは、保険給付される種目別に検索することができ、告示や解釈通知なども閲覧できます。

3 福祉用具情報の絞り込み

福祉用具一覧画面から「CCTA95」や「TAISコード」、「希望小売価格の降順・昇順」など、用具情報の絞り込みが可能です。

また、企業の名称がわかっていれば、企業情報から用具情報を絞り込むこともできます。

(3) 完成用部品データベースシステム

1 概要

身体障害者に対する補装具費の支給制度については、2006(平成18)年10月に施行された障害者自立支援法(現:障害者の日常生活及び社会生活を総合的に支援するための法律)において規定されていますが、利用者には、公平性や透明性が確保された仕組みが必要であり、さらに真に必要な機能の補装具を適正な価格で適切に利用することが望まれます。

こうした背景から、2007(平成19)年度、当協会では、義肢装具等の支給額の中で一定の割合を占める「義肢装具等の完成用部品」の適切かつ有効な選択に資する情報提供の在り方に関する調査研究を行い、2008(平成20)年4月には、利用者の状態や使用環境に適合する完成用部品の選択に役立てることを目的として「完成用部品

【図表3-2-4】完成用部品データベースシステム

製造事業者又は、輸入事業者

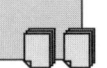

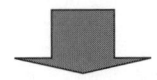

障害者自立支援法に基づく補装具の種目、購入又は修理に要する費用の額の算定等に関する基準に係る「完成用部品」

公益財団法人テクノエイド協会（ATA）
The Association for Technical Aids
完成用部品データベースシステム
http://www.techno-aids.or.jp/

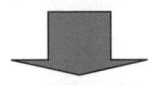

各部品の「構造図・仕様・効果・組立・加工方法・適応範囲等」に関する情報

市区町村・更生相談所・リハビリテーションセンター
義肢製作業者　等

利用者の状態や使用環境等に適合した、適切な完成用部品の選定に資することを目的とする

データベースシステム」を構築しました（**図表3-2-4**）。

　本システムは、主に補装具判定を行う更生相談所や給付事務を行う市町村職員、補装具製作・判定等に関わる整形外科の医師や理学療法士等に利用されています。

2 情報提供の範囲

　義肢・装具および座位保持装置の完成用部品（以下「部品」という）は、国内のメーカーや輸入事業者から厚生労働省に指定申請を行い、法に定める算定等の基準額として、国が指定する仕組みになっています。

　本システムから情報発信する部品情報は、厚生労働省が指定して

【図表3-2-5】詳細情報の項目

項目名		入力有無	補足
メーカー（輸入事業者）名		－	厚生労働省の指定状況を踏まえ、当協会において情報整理
製品名			
使用部品			
製品概要	A.義肢・装具等		
	B.区分		
	C.名称		
	D.形式		
	E.価格		
	F.製造メーカー	任意	
	G.販売開始年月		
	H.指定年月		
	I.販売中止年月		
部品構造図		必須	画像ファイルは.JPEGまたは.JPG形式
組立・加工後の写真			
対象			
構造			
作用			
効果			
材質			
寸法			
重量			
保証期間			
組立・加工方法			
調整方法等			
適応体重と活動レベル			
使用条件			
注意・禁忌事項		任意	
備考			各企業のホームページURLなどを入力

いる「全ての部品の概要」と「一部の詳細情報」であり、提供内容は以下のとおりです（**図表3-2-5**）。

　現在、厚生労働省では、3,408点の部品を指定していますが、そのうち詳細情報の閲覧が可能なのは、1,871点で、全体の約55％です（**図表3-2-6**）。

【図表3-2-6】現在の登録状況

企業情報　30社（メーカー）
部品情報　3,408点中、1,871点の詳細情報が閲覧可能

殻構造義肢	415点
骨格構造義肢	805点
装具	442点
座位保持装置	209点

❸ 詳細情報の検索

　フリーワードによる検索や指定通知をベースにした検索など、4種類の検索方法（**図表3-2-7**）があります。最大3つの詳細情報を同時に表示させることができ、比較検討に役立つ仕組みとなっています。

【図表3-2-7】完成用部品の検索画面

🔍 カテゴリ検索

「義肢・装具等」「区分」の一覧から検索したい区分をクリックして下さい。

殻構造義肢	骨格構造義肢	座位保持装置	装具
義手用部品	義手用部品	全て	下肢装具
義足用部品	義足用部品		上肢装具
			体幹装具

🔍 キーワード検索

製品名、完成用部品コード、部品番号などの検索したい内容を入力し、「検索開始」ボタンをクリックして下さい。
複数のキーワードを入力する場合は、空白文字（スペース）で区切って下さい。

▶ 検索開始

🔍 詳細検索

下の「検索開始」ボタンをクリックすると、詳細検索を開始します。

▶ 検索開始

🔍 厚生労働省通知による検索

下の「検索開始」ボタンをクリックすると、厚生労働省通知による検索を開始します。

▶ 検索開始

※「厚生労働省通知」とは？
平成23年6月27日障発0627第1号において、厚生労働省社会・援護局障害保健福祉部から各都道府県に通知された「障害者自立支援法に基づく補装具の種目、購入又は修理に要する費用の額の算定等に関する基準に係る完成用部品の指定について」の内容を指します。

（4）補装具製作（販売）事業者情報システム

　補装具費の支給を公平かつ円滑に行うためには、全国に散在する補装具製作（販売）業者の情報を利用者や市町村担当者に提供する必要があります。

　本システムは、一定の設備要件を満たし、かつ義肢装具士が在籍する義肢製作所や当協会が養成している認定補聴器技能者が在籍する補聴器販売店を情報登録し、その内容を情報提供するものです。

　都道府県別の検索が可能であり、在籍している義肢装具士や認定補聴器技能者を閲覧することにより、業者の選定に役立てています。

（5）福祉用具ヒヤリ・ハット情報

　高齢化の伸展に伴い、福祉用具を利用される機会が増加している一方、事故などの報告も上げられるようになりました。こうしたなか2007（平成19）年5月には、消費生活用製品安全法の一部が改正され、製品事故が発生した場合の公表義務がメーカーに課せられました。

　しかし、製品そのものに起因する事故は少なく、むしろ「利用者の誤操作・誤使用」や「利用者と福祉用具の不適合」、あるいは「原因不明」となっている場合が多く、その対策は喫緊の課題となっています（**図表3-2-8**）。

　こうしたことから、当協会では、独立行政法人製品評価技術基盤機構が公表している事故情報と日本福祉用具・生活支援用具協会の報告書、さらに介護現場から得たアンケート調査結果をもとに、介護現場へ伝えるべき事例情報を作成し、利用者を含む介護現場の関係者が共有できる「福祉用具ヒヤリ・ハット情報」を提供すること

【図表3-2-8】福祉用具に関わる事故要因

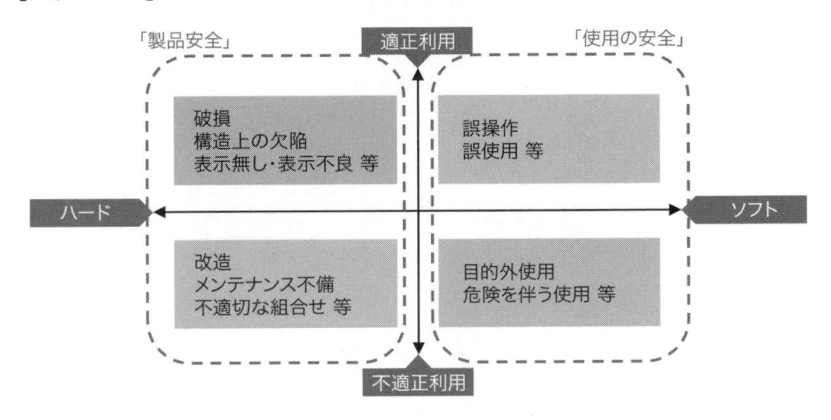

```
            「製品安全」      適正利用       「使用の安全」
           ┌─────────────┬─────────────┐
           │  破損       │  誤操作     │
           │  構造上の欠陥│  誤使用 等  │
           │  表示無し・表示不良 等│      │
   ハード ←┼─────────────┼─────────────┼→ ソフト
           │  改造       │  目的外使用 │
           │  メンテナンス不備│ 危険を伴う使用 等│
           │  不適切な組合せ 等│       │
           └─────────────┴─────────────┘
                     不適正利用
```

にしました。

　当協会では、福祉用具利用に関わるヒヤリ・ハット情報の定義を以下のとおり定め、理解しやすいよう大きめのイラストを用い、使用場面と簡単な解説、参考要因等を付記してホームページで紹介しています（**図表3-2-9**）。

○福祉用具（製品）の不具合に起因しない事故
○福祉用具に関わるヒヤリ・ハット
○事故やケガにつながるような福祉用具の使い方、使用環境、事象など

　・まだ「事故」や「ケガ」は発生していないが、起こる可能性がある内容や様子
　・福祉用具（製品）単体に限定せず、福祉用具の利用に関わる利用者の生活全般から、事故等につながる可能性のある内容や様子
　・誰もが感じる危険な場面や環境、危険な使用方法
　・大きな事故などを未然に防ぐため、介護の現場で共有すべきと考えられる情報

【図表3-2-9】ヒヤリ・ハット事例(一例)

ヒヤリ・ハット事例検索

前のページ ←　　　一覧へ戻る　　　→ 次のページ

◆福祉用具ヒヤリハット情報の取り扱い

Case184:電話機と間違えて操作し続けたため、ベッドが最大高まであがってしまう

| 種 目 | 特殊寝台 |
| 用具の種類 | 介護用ベッド |

場面の説明

手元スイッチを受話器と勘違いしており、操作ボタンを押しているうちにベッドの高さが上がってしまった

解説

事故にならなければ、ひやりとしなければ見過ごしてしまうようなことでも、実は「ひとつ間違えば…」という危険な場面はたくさんあります。この事例も、手元スイッチのコードが体に巻きつく、最大高さのベッドから降りようとするなど「ひとつ間違えば…」の場面を想像すると、単なる笑い話では済まされない危険を感じます。

参考要因

人:手元スイッチを受話器を勘違いしていた
人:利用者が触れる位置に手元スイッチを置いていた
人:認知症状があった
モノ:手元スイッチに誤操作防止のためのロック機構がなかった

（6）福祉用具ニーズ情報収集・提供システム

　当協会では、障害者や高齢者の福祉機器に対するニーズを製品開発に反映させるため、利用者ニーズと技術シーズを橋渡しする「福祉用具ニーズ情報収集・提供システム」を運用しています。

　本システムには大きく3つの機能があり、1つ目は「掲示板」です。福祉用具をテーマに誰でもフリーに書き込むことができ、自由な意見交換が可能になっています。ここでは新製品や技術の紹介、各団体の取り組みも紹介しています。

　2つ目は「ご意見」です。具体的に福祉機器の開発改良に関わるアイデアや要望、日常生活上の悩みや困り事などを書き込むものです。投稿者の電子メールアドレスを記載することにより、開発者や研究者との情報連携を促進することが狙いです。

　3つ目は「メール登録」です。本システムの利用者があらかじめ欲しいカテゴリやキーワードを登録することにより、必要な情報が「掲示板」や「ご意見」に書き込まれた際、自動的にメールが配信される仕組みを実現しています（**図表3-2-10**）。

　本システムに寄せられた意見は、当協会に設置する福祉用具有識者会議へ報告するとともに、定期的に関係団体へ情報提供しています。また厚生労働省が実施する「障害者自立支援機器等開発促進事業」の開発テーマにも採用されているところです。

【図表3-2-10】福祉用具ニーズ情報収集・提供システムの概要

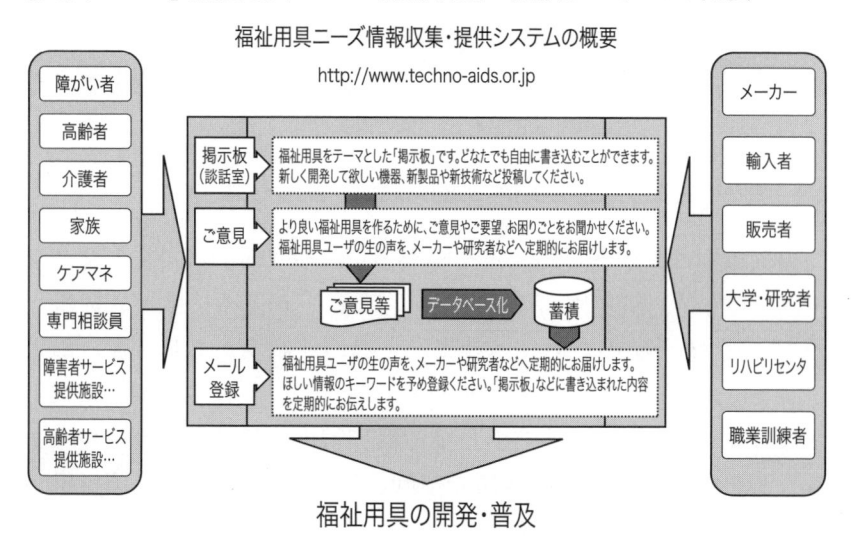

福祉用具ニーズ情報収集・提供システムの概要
http://www.techno-aids.or.jp

利用者側：
- 障がい者
- 高齢者
- 介護者
- 家族
- ケアマネ
- 専門相談員
- 障害者サービス提供施設…
- 高齢者サービス提供施設…

掲示板（談話室）：福祉用具をテーマとした「掲示板」です。どなたでも自由に書き込むことができます。新しく開発して欲しい機器、新製品や新技術など投稿してください。

ご意見：より良い福祉用具を作るために、ご意見やご要望、お困りごとをお聞かせください。福祉用具ユーザの生の声を、メーカーや研究者などへ定期的にお届けします。

ご意見等 → データベース化 → 蓄積

メール登録：福祉用具ユーザの生の声を、メーカーや研究者などへ定期的にお届けします。ほしい情報のキーワードを予め登録ください。「掲示板」などに書き込まれた内容を定期的にお伝えします。

提供側：
- メーカー
- 輸入者
- 販売者
- 大学・研究者
- リハビリセンタ
- 職業訓練者

↓

福祉用具の開発・普及

3 | 施設でも使える福祉機器の導入制度

(1) 中小企業労働環境向上助成金を活用しよう

　福祉機器は、虚弱な高齢者や障害者が使用するわけですから、交付制度は個人（被保険者）を対象にすることが基本ですが、労働災害（腰痛）の予防のため、施設整備を進める制度があります。したがって、対象は、労働者が働きやすい職場づくりに取り組む事業主となります。それが、「中小企業労働環境向上助成金」の一つである「介護福祉機器等助成」という制度です。事業主が、介護労働者の身体的負担を軽減するために、新たに介護福祉機器を導入し、適切な運用を行うことにより、労働環境の改善（腰痛予防等）がみられた場合に、介護福祉機器（第2節で説明）の導入費用の1/2（上限300万円）が支給されます。ただし、この助成を受けるためには、事前に「導入・運用計画」を作成し、都道府県労働局長の認定を受ける必要があります。

(2) 介護福祉機器等助成の対象業務

　本制度は、「中小企業労働環境向上助成金」の名称でわかるように、中小企業や社会福祉法人で小規模な社会福祉施設を対象にしています。そのための条件としては、資本金の額または出資の総額が5,000万円以下であるか、常時雇用する労働者の数が100人以下である必要があります。
　業務としては、介護保険法関連の業務が中心で、（介護予防）訪

問介護、(介護予防)訪問入浴介護、(介護予防)訪問看護(高齢者の医療の確保に関する法律に規定する訪問看護を含む)、(介護予防)訪問リハビリテーション、(介護予防)居宅療養管理指導、(介護予防)通所介護、(介護予防)通所リハビリテーション、(介護予防)短期入所生活介護、(介護予防)短期入所療養介護、(介護予防)特定施設入居者生活介護、定期巡回・随時対応型訪問介護看護、夜間対応型訪問介護、(介護予防)認知症対応型通所介護、(介護予防)小規模多機能型居宅介護、(介護予防)認知症対応型共同生活介護、地域密着型特定施設入居者生活介護、地域密着型介護老人福祉施設入所者生活介護、複合型サービス、居宅介護支援、介護福祉施設サービス、介護保健施設サービス、介護予防支援である必要があります。

　さらに、介護保険法以外では、障害者総合支援法他各種法律に規定するサービスや施設等で行われる入浴、排泄、食事等の介護および機能訓練、移送（介護タクシーに限る）等や厚生労働省職業安定局長が認める訪問理美容サービス等も対象となります。

(3) 介護福祉機器等助成の支給対象事業主

　介護福祉機器等助成は、次の①から⑤のいずれにも該当する事業主に対して支給されます。
　①雇用保険の適用事業の中小企業事業主です。
　②地方労働局に認定された導入・運用計画中に、介護福祉機器の導入、導入機器の使用を徹底するための研修、介護技術に関する身体的負担軽減を図るための研修、導入機器のメンテナンス、導入効果の把握などに取り組む事業主です。なお、導入効果（アンケート）は、一定の基準を上回ることが必要であり、当該基準を下回った場合は、支給されないので注意する必要があります。

③当該事業所において雇用管理責任者を選任し、かつ、その選任した者の氏名を掲示・周知している事業主です。

④基準期間（導入・運用計画期間の初日の前日から起算して６か月前の日から支給申請書の提出日までの間）に、事業主が雇用する被保険者を事業主都合で解雇（勧奨等退職を含む）していない事業主です。

⑤事業所において、基準期間に、特定受給資格者となる離職理由（天災や被保険者の責めに帰す解雇以外の解雇並びに法令違反の労働環境などの、正当な理由のある自己都合退職）により離職した者の数を、導入・運用計画提出日における被保険者数で除して得た割合が６％を超えない事業主です（被保険者が３人以下の場合を除く）。

④では、「事業主都合の解雇をするような事業主か」、⑤では、「きちんとした雇用管理をしている事業主か」ということをみています。たとえば、法令違反の労働環境で働かせていた従業員が、自主的に退職した場合には、解雇ではないので④の要件にはかかりませんが、⑤の離職区分には該当します。その他の離職区分に該当する理由の離職者を合わせた離職者数が、計画提出時の被保険者数に対して６％以上であれば、本助成金の対象外となるということです。

なお、介護福祉機器等助成（旧奨励金を含む）の支給額の合計が300万円を超える場合は、最後の支給決定をした日の翌日から起算して３年を経過していることが必要です。ただし、助成上限額に到達するまでは、何度も申請を行うことができます。

（４）支給対象となる介護福祉機器の範囲と費用

支給の対象となる介護福祉機器は、介護労働者の身体的負担軽減の効果が高く、労働環境の改善に資する次の機器です（**図表3-3-1**）。

【図表3-3-1】支給対象となる介護福祉機器の範囲

> ①移動用リフト
> 　立位補助機（スタンディングマシーン）を含む
> ②自動車用車いすリフト（福祉車両の場合は、車両本体を除いた車いすリフト部分に限る）
> ③座面昇降機能付車いす
> ④特殊浴槽（移動用リフトと一体化しているもの、移動用リフトが取り付け可能なもの、または側面が開閉可能なもの等）
> ⑤ストレッチャー（入浴用に使用するものを含む。それ以外は昇降機能が付いているものに限る）
> ⑥自動排泄処理機
> ⑦昇降装置（人の移動に使用するものに限る）
> ⑧車いす体重計
> ⑨その他身体的負担軽減の効果が特に高いと考えられるもの
>
> 　なお、移動用リフトの導入時に同時に購入等した吊り具（スリングシート）や、特殊浴槽の導入時に同時に購入等した入浴用担架や入浴用車いす等、支給の対象となる介護福祉機器と同時に購入等した、身体的負担軽減に資する機能を発揮するために必要不可欠な付属品を含めることができる。

ただし、一品の見積価格および購入価格が10万円未満のものは除かれています。また、支給は介護福祉機器の導入費用だけでなく、保守契約費（保守契約を締結した場合）、導入機器の使用を徹底するための研修費用、介護技術に関する身体的負担軽減を図るための研修費用（一定の資格を有する者を講師とする場合、講師への謝金も対象）も対象となります。ただし、介護技術に関する身体的負担軽減を図るための研修費用については、介護福祉機器を導入する部署以外に所属している方に実施するアンケートの改善率が60％以

【図表3-3-2】介護福祉機器等助成の対象外の機器

①事業主が私的目的のために購入した機器
②事業主以外の名義の機器
③現物出資された機器
④商品として販売または賃貸する目的で購入した機器
⑤原材料
⑥取得するも解約あるいは第三者に譲渡した機器
⑦支払い事実が明確でない機器
⑧国外において導入される機器
⑨資本的及び経済的関連性がある事業主間の取引による機器
⑩配偶者間、１親等の親族間、法人とその代表者間、法人とその代表者の配偶者間、法人とその代表者の１親等の親族間、法人とその取締役間、法人とその理事間または同一代表者の法人間の取引による機器
⑪労働局長が行う現地調査において、その存在が確認できない機器
⑫併給調整に関する助成金等の支給に係る機器
⑬長期（１年以上）にわたり反復して更新することが見込まれない契約により賃借した機器

上になることも条件です。

　なお、上記に該当する機器であっても次の①から⑬に該当する場合（**図表3-3-2**）は介護福祉機器等助成の対象とされないので注意が必要です。

（5）介護福祉機器等助成導入のポイント

　最初に、助成金の支給を希望する事業主は、雇用保険適用事業所ごとに、導入を予定している介護福祉機器の内容等を記載した「中小企業労働環境向上助成金（介護福祉機器等助成）導入・運用計画（変更）書」（申請様式は、厚生労働省のホームページhttp://www.mhlw.go.jp/seisakunitsuite/bunya/koyou_roudou/koyou/kyufukin/roudou_kobetsu_yousshiki.htmlからダウンロードすることができます）を作成し、添付書類（**図表3-3-3**）を添えて、当該適用事業所の所在地

【図表3-3-3】助成申請の添付書類

> ①介護関係業務の事業を行っている事業主であることを確認するための書類（介護福祉機器を導入する事業所において、介護保険法に基づく指定又は許可を受けていることを証明する書類、登記事項証明書等）
> ②本社の所在地を確認するための書類（登記事項証明書等）
> ③「中小企業労働環境向上助成金介護福祉機器設置・整備申告書（様式第b-2号）」
> ④導入する介護福祉機器を確認することのできるカタログ、価格表、見積書等（写）
> ⑤その他管轄労働局長（介護福祉機器等助成）が必要と認める書類

を管轄する都道府県労働局長に、介護福祉機器を最初に導入する月の初日の6か月前の日から1か月前の日までに提出することになります。また、管轄労働局長の指揮監督する安定所長を経由して提出することもできます。

　最初のポイントは、導入・運用計画の作成です。まず、事業所の現状・課題を把握しなければなりません。ツールとしては、第2章第1節で紹介した「介護作業者の腰痛対策チェックリスト」を使います。リスクが高いと出た介助作業の改善が求められますから、リスクの要因例とリスクを低減するための対策例（概要）を確認して、必要な介護福祉機器を支給対象となる中から選択します。ただし、種目になくても、身体的負担軽減の効果が特に高いと考えられる福祉機器も認めてもらえる可能性はありますので、福祉機器の取り扱い事業者や地方労働局に相談するのもよいでしょう。さらに、その事業者に決定した介護福祉機器の見積り（メンテナンスが必要な場合は、このときに合わせて見積り）を出してもらい、それをもとに導入計画を作成します。さらに、導入・運用計画の期間は、介護福祉機器を最初に導入する月の初日を起算日とし、3か月以上1年以内ですので、期間を決定し、その期間中に実施する「導入機器の使

【図表3-3-4】導入・運用計画作成の手順

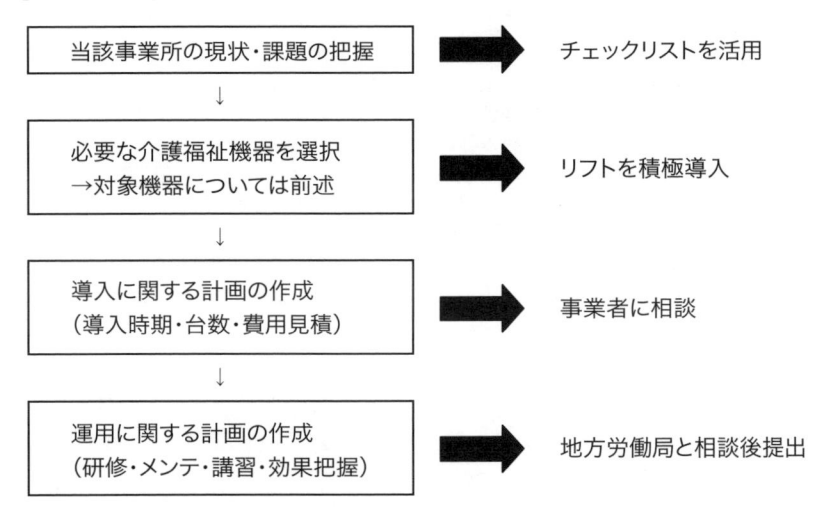

当該事業所の現状・課題の把握	→	チェックリストを活用
↓		
必要な介護福祉機器を選択 →対象機器については前述	→	リフトを積極導入
↓		
導入に関する計画の作成 (導入時期・台数・費用見積)	→	事業者に相談
↓		
運用に関する計画の作成 (研修・メンテ・講習・効果把握)	→	地方労働局と相談後提出

用を徹底するための研修」と「介護技術に関する身体的負担軽減を図るための研修」の内容と時期を決め、「導入効果の把握」のためのアンケートの実施時期(導入の直前と運用期間終了日の近辺の2回)を決めて運用計画をまとめ、地方労働局へ提出します(**図表3-3-4**)。

　次のポイントは、研修の実施とアンケートの実施です。研修は、「導入機器の使用を徹底するための研修(以下、「介護福祉機器研修」)」と「介護技術に関する身体的負担軽減を図るための研修(以下、「腰痛予防研修」)」が必要だと前述しましたが、その両方を同時に社会福祉施設内で実施するモデル研修(**図表3-3-5**)を記載しておきます。

【図表3-3-5】支給条件のモデル研修

項目	内容	時間	講師（例）
腰痛とは	腰痛に関する基礎知識 腰痛の予防対策（体操他）	30分	施設の医療スタッフ他
腰痛予防対策チェックリストの利用	腰痛予防対策チェックリストを利用した自身の腰痛危険度の確認	30分	リフトリーダー
リフト導入の基本	リフト等導入の意義について	30分	リフトリーダー他
リフト等操作実習	リフトの機能・種類 吊り具の選択方法と種類 吊り具の装着 各種リフトの操作方法他	90～150分	導入事業者・リフトリーダー

　また、「研修」のテキストとしては、公益財団法人テクノエイド協会のホームページにある最下段「出版案内」から入り、「リフトリーダー養成研修テキスト」を購入してください。さらに、「腰痛予防研修」の資料は、独立行政法人労働安全衛生総合研究所が発行する「介護者のための腰痛予防マニュアル～安全な移乗のために～」（無料）をダウンロード（http://www.jniosh.go.jp/results/2007/0621/）して、研修テキスト替わりに使用してください（なお、「リフトリーダー養成研修テキスト」には上記資料も含まれています）。

　研修計画ができたら次にアンケートですが、使用するアンケートについては、本書にあるアンケート（**図表3-3-6**）を使用してください（厚生労働省職業安定局作成）。アンケートは、「導入効果の把握」のためのアンケートを導入の直前に1回、運用期間終了日の近辺で1回実施すると前述しましたが、この実施結果により、①身体的負担が大きいと感じている職員数の改善率と②身体的負担軽減に資する作業方法が徹底された職員数の改善率を算出します。①が60％以上であった場合には機器の導入関係費用、②が60％以上であった場合には介護術研修関係費用について支給される仕組みになっています（**図表3-3-7**）。

　それでは、なぜ2種類（導入部署と非導入部署）のアンケートが

必要なのでしょうか。リフト等介護福祉機器の導入については空間的制限があり、導入した事業所全体に恩恵を及ぼすとはいえないのですが（大きな事業所になればなるほど）、「腰痛予防研修」であれば、全職員に対して実施することができると考えているからです。さらに、2つの改善率ですが、改善率といっても、「身体的負担が減少した」または「作業方法が改善された」と感じた職員数を聞いているということです（アンケートの問いもそのような聞き方になっています）。何も腰痛がなくなったことを客観的根拠（医師の診断等）で示せとはいっていないのです。もう1つは回収率ですが、有効な回答率を期待しているわけではないので、判断に困り、氏名のみしか書いていないとしても、回収すればアンケートとしては有効ということです。したがって、ここで重要なのは、「導入効果の把握」といっても決して難しいものではないということなのです。

　最後のポイントは、支給についてです。最終的に支給されるためには、導入・運用計画書の提出だけではなく、運用後の支給申請が必要となります。事業主は、導入・運用計画期間の末日の翌日から起算して2か月以内に「中小企業労働環境向上助成金（介護福祉機器等助成）支給申請書」および「中小企業労働環境向上助成金（介護福祉機器等助成）導入効果報告書」を作成し、添付書類（**図表3-3-8**）を添えて管轄労働局長に対して支給申請を行わなければ、支給されない仕組みとなっています。実際作成しなければならない書類数は決して少ないとはいえませんが、内容的に難しいものは何もないので、是非チャレンジして、職場の労働環境を改善してみてください。

【図表3-3-6】介護福祉機器導入に関するアンケート（導入効果）

様式例

介護福祉機器導入に関するアンケート
【介護福祉機器を導入する部署に所属している方・異動が予定されている方用】

記入日　平成　　　年　　　月　　　日　　　　氏名＿＿＿＿＿＿＿＿＿＿＿

※直筆でお願いします。

導入前アンケート

（現在、介護福祉機器を導入する部署に所属している方）
① - 1　現在、従事している介護業務を行う上での身体的負担は大きいと感じていますか。
　A　感じている　　　→　導入後アンケートでは、②と③にご回答ください。
　B　特に感じていない　→　導入後アンケートでは、④にご回答ください。

（今後、介護福祉機器を導入する部署に異動する予定の方）
① - 2　今後、従事する予定となっている介護業務を行う上での身体的負担は、大きいと思いますか。
　A　思う　　　　　→　導入後アンケートでは、②と③にご回答ください。
　B　特に思わない　→　導入後アンケートでは、④にご回答ください。

記入日　平成　　　年　　　月　　　日

導入後アンケート

②　導入前アンケート①で感じていた身体的負担は、介護福祉機器を導入したことにより、軽減しましたか（または軽減したと思いますか）。
　A　軽減した
　B　やや改善した
　C　あまり軽減されなかった
　D　全く軽減されなかった

③　介護技術に関する研修を受講したことにより、作業面での改善はありましたか（または改善があったと思いますか）。
　A　改善した
　B　やや改善した
　C　あまり改善されなかった
　D　全く改善されなかった

④　介護機器の導入後・介護技術研修受講後も、介護業務が原因の身体的負担は発生していませんか。
　A　はい
　B　いいえ

様式例

介護福祉機器導入に関するアンケート
【介護福祉機器を導入する部署以外に所属している方用】

記入日　平成　　年　　月　　日　　　氏名　　　　　　　　　　　　　　
※直筆でお願いします。

導入前アンケート

① 現在、従事している介護業務を行う上での身体的負担は大きいと感じていますか。
　　A　感じている　　　　→　導入後アンケートでは、②にご回答ください。
　　B　特に感じていない　→　導入後アンケートでは、③にご回答ください。

記入日　平成　　年　　月　　日

導入後アンケート

② 介護技術に関する研修を受講したことにより、作業面での改善はありましたか。
　　A　改善した
　　B　やや改善した
　　C　あまり改善されなかった
　　D　全く改善されなかった

③ 介護機器の導入後・介護技術研修受講後も、介護業務が原因の身体的負担は発生していませんか。
　　A　はい
　　B　いいえ

アンケート実施にあたっての注意事項

1　対象者
　　介護福祉機器を導入する事業所（施設）で介護業務（※）に従事している方のうち、一般被保険者として雇用保険に加入されている方が対象です。
※　身体上又は精神上の障害があることにより日常生活を営むのに支障がある方に対し、入浴、排泄、食事等の介護、機能訓練、看護、療養上の管理、移動の介護、衣服の着脱介護、体位交換、清拭等を行うもの。

2　アンケートの実施時期
　　介護福祉機器を導入する前の状況を把握する「導入前アンケート」と導入後の効果等を検証するための「導入後アンケート」があります。
　　導入前アンケートは「導入・運用計画書を提出後、介護福祉機器を導入するまで」の間に、導入後アンケートは「介護福祉機器の導入・介護技術研修受講後、一定の間、介護業務に従事してから、導入・運用計画が終了するまで」の間に実施してください。

【図表3-3-7】改善率の算出方法

①アンケートの回収率は80％以上
②アンケートから算出される改善率は、いずれも60％以上
　○身体的負担が大きいと感じている職員数の改善率（機器導入＋介護福祉機器研修）
　　機器の導入後、身体的負担が減少した職員数÷機器の導入前、身体的負担が大きいと感じている職員数×100
　○身体的負担軽減に資する作業方法が徹底された職員数の改善率（腰痛予防研修）
　　研修の受講後、作業方法が改善された職員数÷研修の受講前、身体的負担が大きいと感じている職員数×100

【図表3-3-8】支給申請の添付書類

①中小企業労働環境向上助成金導入・運用計画認定通知書（様式第b-3号）（写）
②中小企業労働環境向上助成金介護福祉機器設置・整備申告書（様式第b-2号）（写）
③中小企業労働環境向上助成金介護福祉機器販売・賃貸証明書（様式第b-9号）
④導入した介護福祉機器の内容が明らかにされた次の書類
　売買契約書（請求書及び領収書でも可）（写）
　保守契約を締結した場合は保守契約書（写）
　パンフレット等
　導入した事業所内で撮影した介護福祉機器の写真
　納品書等
⑤研修内容、実施日（実施期間）が確認できる資料
⑥介護福祉機器研修に要した費用の支払いを証明する書類（写）
⑦腰痛予防研修に要した費用の支払いを証明する書類（写）
⑧中小企業労働環境向上助成金アンケート用紙（様式例）
⑨支払実態を確認する書類（総勘定元帳（写）又は預金通帳（写））
⑩申立書
⑪その他管轄労働局長が必要と認める書類

■ 参考資料

引用文献

- *1 『認定補聴器技能者養成事業第Ⅱ期テキスト』2013 年
- *2 『介護補聴器の実証調査研究報告書』公益財団法人テクノエイド協会、2001 年 12 月
- *3 柳田則之、中島務他「一般高齢者 75 歳以上の純音聴力」『Audiology Japan 39』、PP.722-727、1996 年
- *4 楢村裕美「高齢者の聴力の実態」『Audiology Japan 40』、PP.713-718、1997 年
- *5 飯干紀代子、田上美年子他「介護老人保健施設における言語聴覚障害スクリーニングの作成と臨床的有用性」『言語聴覚研究 1』、PP.31 - 38、2004 年
- *6 「JapanTrak 2012」Anovum（アノバム社）
- *7 小寺他「介護補聴器の有効性の検討」『Audiology Japan 41』、PP.691-692、1998 年

参考文献

『リフトリーダー養成研修テキスト（改訂版）』公益財団法人テクノエイド協会、2011 年
『福祉用具プランナー管理指導者養成研修テキスト』公益財団法人テクノエイド協会、2010 年
『可搬型階段昇降機安全指導員講習テキスト（改訂版）』公益財団法人テクノエイド協会、2010 年
『福祉用具シリーズ vol.15「腰を痛めない介護・看護 〜質の高いケアのために〜」』公益財団法人テクノエイド協会、2011 年
『福祉用具シリーズ Vol16「QOL を高める特殊尿器の有効活用」』公益財団法人テクノエイド協会、2011 年
『六訂福祉用具専門相談員研修用テキスト』中央法規、2012 年
サイバーダイン株式会社ホームページ http://www.cyberdyne.jp/customer/index.html
厚生労働書労働基準局「職場における腰痛予防対策指針の改訂及びその普及に関する検討会報告書」2013 年 6 月 18 日

おわりに

　公益財団法人テクノエイド協会は、福祉用具に関する調査研究および開発の推進、福祉用具情報の収集および提供、福祉用具の臨床的評価、福祉用具関係技能者の養成、義肢装具士に関わる試験事務等を行うことにより、福祉用具の安全かつ効果的な利用を促進し、高齢者および障害者の福祉の増進に寄与することを目的として活動する公益法人です。

　したがって、日々の業務はすべて福祉用具の適正な普及を目指した業務が基本となりますが、その中で長年の課題とされてきた案件が、社会福祉施設における福祉機器の活用でした。確かに社会福祉施設の場合、福祉機器をはじめとする備品や機材は初度調弁（しょどちょうべん）で整備するという考え方があり、靴やメガネのように利用者本人に合わせるといった状況ではありません。また、「介護は人なり」という考え方が、どこかで、「介護技術は人手なり」に置き換えられた結果、利用者の身体状況に合わない車いすが使われ、さらには介護労働者の腰痛を助長する、人手に頼りきった介護を蔓延させています。こうした状況が、適正な福祉機器導入の大きな阻害要因であることは否定できない事実です。

　この対策案として、在宅と同様に施設においても介護保険制度の福祉用具レンタルが使えないかと議論・提案してきましたが、解決に至るまでの状況にはなっていません。そんな中、本書の企画が持ち込まれました。そこで、これが社会福祉施設での福祉機器導入の一助になればと考え、協会の中心メンバーで執筆のお手伝いをさせていただくことになりました。

　メンバーは執筆に不慣れなうえ、福祉機器関連の記述内容については、福祉関係者から見ると馴染みの薄い語句が多く、わかりにくい点が多いと思いますが、章立てを含め、できるだけわかりやすいように配慮したつもりです。偏った見方や情報不足の部分がある場合は、ぜひ、ご指摘いただき、より適正な情報提供にご協力いただければ幸いです。

　本書のテーマである「福祉機器イノベーション」が、社会福祉施設での業務改善に寄与できれば、我々としても大変大きな喜びであり、励みでもありますので、ご一読いただければ幸いです。

公益財団法人テクノエイド協会
編集　寺光　鉄雄

● 著者略歴

大橋　謙策（おおはし　けんさく）　監修／序章

公益財団法人テクノエイド協会理事長。1967年日本社会事業大学卒業後、東京大学大学院教育学研究科博士課程を経て、1974年日本社会事業大学専任講師、2005年同学長、2011年から現職。その他、日本社会事業大学名誉教授、東北福祉大学大学院教授、放送大学・日本福祉大学・淑徳大学客員教授。主な社会的活動（現任）として、特定非営利活動法人日本地域福祉研究所理事長、ソーシャルケアサービス従事者研究協議会代表、一般社団法人全国社会教育委員連合会長、財団法人社会福祉研究所理事長など。主な著書としては、『社会福祉入門』（放送大学教育振興会）、『地域福祉の新たな展開とコミュニティソーシャルワーク』（社会保険研究所）などがある。

寺光　鉄雄（てらみつ　てつお）　編集／第1章、第3章第1節、第3節

公益財団法人テクノエイド協会普及部長。1984年から東京都社会福祉総合センター福祉機器展示場、東京都福祉機器総合センターを経て、1999年に公益社団法人かながわ福祉サービス振興会バリアフリー情報館館長に就任、その後、民間企業で商品開発・社員教育を担当後、2008年より現職。福祉用具プランナーの養成等、さまざまな教育システムの構築を行う。2011年からは国際医療福祉大学大学院非常勤講師。主な著書として『福祉用具専門相談員研修用テキスト』（中央法規出版）、『福祉用具プランナーテキスト』（テクノエイド協会）他。主な資格として保健医療学（福祉用具）修士、福祉用具プランナー管理指導者、介護支援専門員などがある。

本村　光節（もとむら　みつさだ）　第2章第1節

公益財団法人テクノエイド協会常務理事（事務局長兼務）。

前川　直子（まえかわ　なおこ）　第2章第2節

公益財団法人テクノエイド協会試験研修部調査役。ろうあ団体職員、補聴器メーカー勤務を経て、現職。認定補聴器技能者の育成、認定補聴器専門店の認定などの業務を担当。

五島　清国（ごじま　きよくに）　第2章第3節、第3章第2節

公益財団法人テクノエイド協会企画部長。1988年1月国立療養所岐阜病院勤務、1992年6月厚生省退職後、現職。主に福祉用具に関する調査研究や臨床評価、情報提供システムの構築・運用等を行う。現在は、厚生労働省「福祉用具・介護ロボット実用化支援事業」、経済産業省「ロボット介護推進プロジェクト」の主担当、また、厚生労働省の受託研究として「補装具費支給制度の在り方に関する調査研究」や「特例補装具の事例集や補装具費支給事務ガイドブックの作成」を担当。その他、福祉用具の適切かつ安全な利用を推進する取り組みとして、各種情報提供システムの運用を行っている。

加藤　智幸（かとう　ともゆき）　第2章第4節

公益財団法人テクノエイド協会企画部参与。シンクタンク、福祉用具卸企業勤務を経て、現職。2011年度より、福祉用具・介護ロボット実用化支援事業等を担当。

矢沢　由多加（やざわ　ゆたか）　第2章第5節

公益財団法人テクノエイド協会試験研修部次長。全国身体障害者総合福祉センター、長寿社会開発センターで障害者福祉、高齢者福祉の推進に奉職した後、現職。福祉用具の研究開発、普及促進、人材養成等に携わる。社会福祉士。

● 表紙デザイン／梅津幸貴
● 編集協力／(株)東京コア
● 本文DTP ／(株)ワイズファクトリー

介護福祉経営士　実行力テキストシリーズ9
新しい福祉機器と介護サービス革命
導入の視点と活用のポイント

2014年7月20日　初版第1刷発行

編　集	公益財団法人テクノエイド協会
監　修	大橋　謙策
発行者	林　諄
発行所	株式会社 日本医療企画
	〒101-0033　東京都千代田区神田岩本町4-14
	神田平成ビル
	TEL 03 (3256) 2861 (代表)
	FAX 03 (3256) 2865
	http://www.jmp.co.jp/
印刷所	大日本印刷株式会社

ISBN978-4-86439-267-9 C3034　　©Technical Aids, Inc. 2014, Printed in Japan
(定価は表紙に表示しています)

「介護福祉経営士」テキストシリーズ　全21巻

総監修
江草安彦（社会福祉法人旭川荘名誉理事長、川崎医療福祉大学名誉学長）
大橋謙策（公益財団法人テクノエイド協会理事長、元・日本社会事業大学学長）
北島政樹（国際医療福祉大学学長）

(50音順)

■基礎編Ⅰ（全6巻）
第1巻　介護福祉政策概論 ── 介護保険制度の概要と課題
第2巻　介護福祉経営史 ── 介護保険サービス誕生の軌跡
第3巻　介護福祉関連法規 ── その概要と重要ポイント
第4巻　介護福祉の仕組み ── 職種とサービス提供形態を理解する
第5巻　高齢者介護と介護技術の進歩 ── 人、技術、道具、環境の視点から
第6巻　介護福祉倫理学 ── 職業人としての倫理観

■基礎編Ⅱ（全4巻）
第1巻　医療を知る ── 介護福祉人材が学ぶべきこと
第2巻　介護報酬制度／介護報酬請求事務 ── 基礎知識の習得から実践に向けて
第3巻　介護福祉産業論 ── 市場競争と参入障壁
第4巻　多様化する介護福祉サービス ── 利用者視点への立脚と介護保険外サービスの拡充

■実践編Ⅰ（全4巻）
第1巻　介護福祉経営概論 ── 生き残るための経営戦略
第2巻　介護福祉コミュニケーション ── ES、CS向上のための会話・対応術
第3巻　事務管理／人事・労務管理 ── 求められる意識改革と実践事例
第4巻　介護福祉財務会計 ── 強い経営基盤はお金が生み出す

■実践編Ⅱ（全7巻）
第1巻　組織構築・運営 ── 良質の介護福祉サービス提供を目指して
第2巻　介護福祉マーケティングと経営戦略 ── エリアとニーズのとらえ方
第3巻　介護福祉ITシステム ── 効率運営のための実践手引き
第4巻　リハビリテーション・マネジメント ── QOL向上のための哲学
第5巻　医療・介護福祉連携とチーム介護 ── 全体最適への早道
第6巻　介護事故と安全管理 ── その現実と対策
第7巻　リーダーシップとメンバーシップ、モチベーション
　　　── 成功する人材を輩出する現場づくりとその条件